Thorsten Iffland

Telefongewinnspiele im Radio zwischen Erfolg und Risiko

AF136806

IGEL Verlag

Iffland, Thorsten

Telefongewinnspiele im Radio zwischen Erfolg und Risiko

1. Auflage 2009 | ISBN: 978-3-86815-171-8

© IGEL Verlag GmbH , 2009. Alle Rechte vorbehalten.

Die Deutsche Bibliothek verzeichnet diesen Titel in der Deutschen Nationalbibliografie.
Bibliografische Daten sind unter http://dnb.ddb.de verfügbar.

IGEL Verlag

Inhaltsverzeichnis

Tabellenverzeichnis

Abbildungsverzeichnis

1   Einleitung

Es gibt Menschen, die sich tagelang freiwillig in einen Kleinwagen setzen, ohne Essen und Trinken, nur um das Auto am Ende zu gewinnen. Andere zerstören ihr komplettes Bad, nur um die minimale Chance auf ein neues zu haben: Diese Aktionen sind keineswegs selten, geschweige denn spontan. Das ist der Alltag mancher Privatradios in Deutschland! Der Überzeugung ist Hermann Stümpert, einer der Pioniere des modernen Popradios in Deutschland und Autor des Buches *Ist das Radio noch zu retten?*". Für ihn entstammen „diese und die anderen Unmöglichkeiten [...] in der Regel dem Erfolgsbaukasten erfahrener Berater, die die Konzepte aus Amerika, Australien oder vom Nachbarsender importierten und ganz cool berechnend als so genannte ‚Major Promotions' einsetzen, wenn der Sender wieder einmal besonders gute Quoten braucht – meistens dann, wenn die Marktforscher gerade die MA-Reichweiten[1] ermitteln" (Stümpert, 2005, S.13). Trotz dieser fragwürdigen „Promotions" bleibt der Erfolg meist nicht aus: „Diese Art der Extrem-‚Promotions' generiert Gesprächswert und liefert der Boulevardpresse Bild- und Textfutter. Die von den Strategen gewünschte Aufmerksamkeit wird ‚on air' mühelos erreicht und kann in Quoten umgesetzt werden. Oberflächlich und kurzfristig jedenfalls erreichen die Radiosender ihre Erfolgsziele: Top of Mind. Talk of Town. Market Shares" (Stümpert, 2005, S.14). Bei bereits erfolgreichen Stationen geht es hauptsächlich um die Steigerung der Hördauer. Also werden die Hörer mit immer neuen und größeren Gewinnchancen dazu angehalten, nicht um- oder auszuschalten. Neueste Variante sind Gewinnspiele über gebührenpflichtige Hotlines für 49 Cent pro Anruf. Durch diese Hotlines werden zum einen die hohen Geldpreise selbst finanziert und zum anderen verdienen die Sender noch etwas dazu. Die vorliegende Arbeit zeigt im Allgemeinen die aktuellen Zustände des privaten Hörfunks in Deutschland auf und widmet sich den Konsequenzen von Major-Promotions im Speziellen. Im Fokus dabei stehen die beiden laut der MA Radio 2008/I reichweitenstärksten landesweiten Privatsender in Deutschland, Antenne Bayern und Radio NRW. In einem Vergleich werden die Auswirkungen von Telefongewinnspielen bei beiden Sendern genauer analysiert. In Kapitel 2 wird zunächst auf den theoretischen Hintergrund der Arbeit eingegangen. Dabei wird die wissenschaftliche Relevanz des Themas erläutert und der aktuelle Stand der Forschung umrissen sowie

---

[1]   MA: Diese Abkürzung wird während der gesamten Arbeit für die Bezeichnung *Media-Analyse* verwendet. Damit ist die zweimal pro Jahr durchgeführte Medienanalyse der Arbeitsgemeinschaft Media-Analyse (ag.ma) gemeint. Konkret ist die MA Radio Gegenstand dieser Arbeit.

abschließend zusammengefasst. Nach einem allgemeinen Überblick über die (Privat-)Radiolandschaft in Deutschland sowie deren Nutzung in Kapitel 3, wird in Kapitel 4 das lokale Hörfunksystem in NRW ausführlich beschrieben. Um dem eingangs angekündigten Vergleich Rechnung zu tragen wird im Anschluss auch die Radiolandschaft Bayerns genauer vorgestellt. Im Fokus hierbei das zu analysierende Pendant zu Radio NRW in Nordrhein-Westfalen, Antenne Bayern. Da die Zunahme von Major-Promotions in engem Zusammenhang mit der Situation auf dem Werbemarkt steht, muss die aktuelle Situation auf dem radiorelevanten Werbemarkt im theoretischen Teil dieser Arbeit Platz finden. Anschließend werden häufig umgesetzte Major Promotions in deutschen Privatradios vorgestellt. Dabei werden insbesondere die Spielmodi betrachtet. In diesem Zusammenhang folgt eine Auf- und Gegenüberstellung der Major Promotions bei Radio NRW und Antenne Bayern in den letzten Jahren. Zur besseren Verständlichkeit werden an dieser Stelle das Phänomen und aber auch die Ziele von „Call Media" noch einmal genauer beschrieben.

Den Abschluss des theoretischen Teils bildet die Vorstellung und Begründung der Hypothesen für diese Arbeit sowie die Erläuterung des methodischen Vorgehens, insbesondere des Untersuchungsdesigns. Danach werden die Ergebnisse der Sekundäranalyse vorgestellt und die Hypothesen überprüft.

2 Wissenschaftlicher Hintergrund

Das folgende Kapitel beleuchtet den wissenschaftlichen Hintergrund der vorliegenden Diplomarbeit. Dabei ist besonders die wissenschaftliche Relevanz als auch der aktuelle Stand der Forschung von besonderer Bedeutung.

2.1 Wissenschaftliche Relevanz

Folgende Daten der MA Radio 2007/II belegen die Position des Hörfunks in der deutschen Medienlandschaft: Rund 50 Millionen Deutsche hören täglich Radio. Exakt 98 Prozent aller Haushalte in Deutschland sind mit mindestens einem Radiogerät ausgestattet. Die tägliche Hördauer der Radionutzer in Deutschland über 14 Jahre beträgt 186 Minuten. Außerdem ist das Radio „aufgrund seiner universellen Verfügbarkeit und Mobilität zum tagesbegleitenden Medium Nr. 1 geworden" (Schaffrath, 1996, S. 140). Durch die Einführung des dualen Rundfunksystems 1984 haben besonders auch die Privatradios an Bedeutung dazu gewonnen. Radio NRW als Rahmenprogrammanbieter in Nordrhein-Westfalen hat eine tägliche Hörerzahl von insgesamt 4,58 Millionen Menschen über 14 Jahre und gilt damit nach der MA Radio 2007/II als der meistgehörte Sender Deutschlands. Antenne Bayern erreicht demnach 3,32 Millionen Menschen.

Die gerade aufgezeigten Mediadaten machen deutlich: Das Radio hat weiterhin eine starke Position in der deutschen Medienlandschaft und spielt auch im Alltag der Menschen eine große Rolle. Doch nicht nur die Bedeutung des Radios für die Mediennutzer ist relevant, auch das Radio als Werbemedium muss näher betrachtet werden. Seit Jahren ist der Abwärtstrend des Radios als Werbemedium unübersehbar. Der Radio-Werbemarktanteil am klassischen Werbekuchen stagnierte im Jahr 2007 bei 6,2 Prozent. (Nielsen Media Research, 2008) Die anderen 93,8 Prozent gingen an Fernsehen, Printmedien, Plakat und Internet. Trotz der konstant hohen Quoten ist die reine Werbefinanzierung der privaten elektronischen Medien, insbesondere des Radios, in den zurückliegenden Jahren schwieriger geworden. Auf die Veränderung der Marktsituation reagieren die Radiomacher gezwungenermaßen mit einer Diversifikation ihrer Geschäftsmodelle. Rein wirtschaftswissenschaftlich betrachtet wird darunter „die Bestätigung in einem neuen, d. h. von dem betreffenden Unternehmen bislang noch nicht bearbeiteten Geschäftsfeld mit einem für das Unternehmen neuen Produkt verstanden" (Steinmann & Schreyögg, 2005, S. 236). Besonders erfolgreich dabei ist das Segment „Call Media". Goldhammer & Lessig bezeichnen in ihrer Studie aus dem Jahr 2005 Call

Media als „die Verbindung von Medienangeboten in Fernsehen und Hörfunk mit telefonbasierten Mehrwertdiensten. Dies umfasst Sprach-,
Fax/Daten- sowie SMS/MMS-Anwendungen, deren Einsatz eine direkte
Refinanzierungsfunktion für die jeweiligen Veranstalter mit sich bringt."`
Diese Diversifikation hin zu Call-Media-Angeboten hat ihre Folgen: Einer-
seits werden Zusatzerlöse und Reichweitensteigerungen generiert, ande-
rerseits fürchten die Radiomacher den Verlust von wichtigem Hörervertrauen, weil die Konsumenten sich aufgrund der kostenpflichtigen Mehrwertdienste „abgezockt" fühlen könnten. Entscheidend für die wissenschaftliche Relevanz dieser Arbeit sind folglich die große Bedeutung des
Mediums Hörfunk, im Speziellen in NRW und Bayern, und die Konsequenzen aufgrund der Entwicklungen auf dem Werbemarkt, die darin
münden, wegbrechende Einnahmen und Reichweiten mit kostenpflichtigen und hochpreisigen Telefongewinnspielen bzw. Mehrwertdiensten
aufzufangen. Beide Bereiche wurden zusammenhängend bislang nur sehr
begrenzt oder gar nicht erforscht.

2.2 Stand der Forschung

So genannte „Major Promotions" sind schon seit einiger Zeit nicht mehr
vom (Privat-) Radiomarkt wegzudenken. Ohne aufwendige und massiv
beworbene Gewinnspiele würden einige Radiostationen gar nicht mehr
existieren. Bis heute gibt es jedoch kaum theoretische und empirische
Erkenntnisse über die tatsächlichen Auswirkungen und Konsequenzen
solcher kostenpflichtigen Gewinnspiele. Bisherige Untersuchungen haben
sich hauptsächlich auf das Phänomen der Call-Media- Angebote im Fernsehen beschränkt. Goldhammer und Lessig beleuchteten in ihrer Studie
„Call Media – Mehrwertdienste in TV und Hörfunk" 2005 erstmals umfas-
send dieses neue Segment der Medienwirtschaft. Dafür wurden neben
einer Sekundäranalyse zahlreiche Gespräche mit Experten aus dem Tele-
kommunikationssektor und Rundfunk geführt. Da bereits seit 2001 die
Einbindung telefonischer Interaktionselemente in TV-Programme eine
wichtige Rolle einnimmt, diese Dienste im Hörfunkbereich aber erst seit
etwa 2003 relevant sind, liegt der Schwerpunkt der Studie von Goldhammer und Lessig im Bereich „TV". Grundlage sämtlicher Studien zu diesem
Themengebiet sind die jeweiligen Media-Analysen der ag.ma. Sie ermittelt regelmäßig das Radionutzungsverhalten der deutschen Bevölkerung
ab 14 Jahren. Durch die ermittelten Reichweitendaten erfahren die privaten und öffentlich-rechtlichen Radiosender, wie viele Hörer welche ihrer
Programme verfolgen. Für die Werbewirtschaft sind die ma-Daten die
Grundlage für ihre Mediaplanungsstrategien und damit letztlich für die

Verteilung der Werbegelder. Die Auswirkungen und Konsequenzen von „Major-Promotions" auf eben diese Reichweitendaten wurden in den bisherigen Media-Analysen noch nicht eingehend analysiert. Eine Sekundäranalyse unter diesen Gesichtspunkten ist ebenfalls noch nicht angefertigt worden.

2.3 Zusammenfassung

In diesem Kapitel wird klar, dass Auswirkungen, Konsequenzen und Reaktionen auf das zunehmende Phänomen „Telefongewinnspiele im Radio" bisher noch nicht ausreichend untersucht wurden. Und das, obwohl das Radio im Alltag nach wie vor eine sehr große Rolle im Medienmix spielt. Das Ziel dieser Arbeit ist es daher, mit den gewonnenen Ergebnissen die vorhandene Forschungslücke zu verkleinern.

3   Radiolandschaft in Deutschland

Laut der Media-Analyse Radio 2007/II (MA 2007/II) leben in Deutschland 64,81 Millionen Menschen über 14 Jahre. Diese Personengruppe ist relevant für die Messung aller MA-Zahlen. Demnach leben 98 Prozent aller Deutschen ab 15 Jahren in einem Haushalt mit mindestens einem Radiogerät. 2007 waren insgesamt 42,77 Millionen Hörfunkgeräte angemeldet, 39,27 Millionen davon sind gebührenpflichtig (ARD-Werbung Sales & Services (Hrsg.), 2007, S. 10). Die Hörfunklandschaft in Deutschland ist seit der Einführung des dualen Hörfunksystems 1984 deutlich vielfältiger geworden. 2007 gibt es mehr als siebenmal so viele Hörfunksender wie noch Mitte der 80er Jahre:

Anzahl der erhobenen Radiosender seit 1987				
Jahr	Gesamt	ARD	Private	Sonstige Sender
MA 87	44	36	8	0
MA 92	188	53	135	0
MA 97	241	55	166	20
MA 02	297	61	190	46
MA 07	341	59	211	71

(*Quelle:* MA 87 – MA 2007/II. Eigene Darstellung.)

Tabelle 1: Anzahl der erhobenen Radiosender seit 1987

Von der MA 2007/II wurden also insgesamt 341 Radiosender erfasst. Die öffentlich-rechtlichen Sender sind in neun Landesrundfunkanstalten und zwei Bundesrundfunkanstalten unterteilt. Sie senden jeweils mindestens drei und höchstens acht eigenständige Programme. Die folgende Tabelle zeigt eine Übersicht der öffentlich-rechtlichen Hörfunkprogramme in Deutschland: (*Quelle:* MA 2007/II. Eigene Darstellung.)

Öffentlich-rechtliche Hörfunkprogramme in der BRD (Stand: 05/08)

Sender	Programme	Anzahl der Programme
Norddeutscher Rundfunk (NDR)	NDR1 Niedersachsen, NDR1 Welle Nord, NDR1 Radio MV, NDR 90.3, NDR 2, N-Joy, NDRinfo, NDR kultur Antenne Brandenburg, radioBERLIN 88.8, Fritz, infoRADIO, Radio Eins, Radio multikulti, Kulturradio	8 7
Radio Bremen (RB)	Bremen Eins, Nordwestradio, Bremen Vier, Funkhaus Europa	4
Westdeutscher Rundfunk (WDR)	1live, WDR 2, WDR 3, WDR 4, WDR 5, Funkhaus Europa	6
Hessischer Rundfunk (HR)	hr 1, hr 2-kultur, hr 3, hr 4, YOU FM, hr info	6
Mitteldeutscher Rundfunk (MDR)	SPUTNIK, mdr info, mdr Figaro, mdr 1 Radio Thüringen, mdr 1 Radio Sachsen-Anhalt, mdr 1 Radio Sachsen, JUMP, mdr klassik	8
Saarländischer Rundfunk (SR)	SR 1 Europawelle, SR 2 Kulturradio, SR 3 Saarlandwelle, UNSERDING	4

Südwestrundfunk (SWR)	SWR 1 Baden-Württemberg, SWR 1 Rheinland-Pfalz, SWR 2, SWR 3, SWR 4 Baden-Württemberg, SWR 4 Rheinland-Pfalz, DASDING, SWR cont.ra	8
Bayerischer Rundfunk (BR)	Bayern 1, Bayern 2, Bayern 3, Bayern 4 Klassik, B 5 Aktuell	5
DeutschlandRadio	Deutschlandfunk, DeutschlandRadio Kultur	2
Deutsche Welle (International)	Deutsche Welle (insgesamt 30 Programme, davon 1 auf Deutsch)	1
Gesamt		59

Tabelle 2: Öffentlich-rechtliche Hörfunkprogramme in der BRD (Stand: 05/08)

(Quelle: MA 2007/II. Eigene Darstellung.)

Neben den 59 aufgeführten öffentlich-rechtlichen Sendern gibt es 2007 noch 211 in der MA 2007/II berücksichtigte Privatradios. Eine ausführliche Beschreibung des lokalen Hörfunks in NRW und Bayern liefern die Kapitel 4 und 5 dieser Arbeit.

3.1 Hörfunknutzung und Einschaltquoten

Radiomacher und -vermarkter verkaufen ihr Medium gerne als den Tagesbegleiter Nummer Eins in Deutschland, außerdem als das beliebteste Medium. 77,1 Prozent aller Deutschen ab 14 Jahren geben in der Media Analyse 2007/II vom 17. Juli 2007 an, „gestern" Radio gehört zu haben. Absolut gesehen erreicht das Radio demnach täglich rund 50 Millionen Deutsche ab 14 Jahre. Das Radio ist damit knapp hinter dem TV weiterhin das beliebteste Medium. Die durchschnittliche tägliche Hördauer sinkt bzw. stagniert seit acht Jahren. Seit dem Jahr 2000 ist die durchschnittliche Hördauer von 209 Minuten um 23 Minuten auf aktuell 186 Minuten gesunken (MA 2007/II).

Im Vergleich zu den Vorjahren ist die Radionutzung also insgesamt leicht gesunken: „Seit der MA 2004 gingen der weiteste Hörerkreis (WHK, minus 0,8%-Punkte), die Tagesreichweite, also die durchschnittliche Zahl der täglichen Hörer (minus 22,1%-Punkte), die Hördauer (minus 10 Minuten) und die Verweildauer leicht zurück – bei allerdings in jüngster Zeit, [...], wieder eher stabilen Nutzungszahlen" (Klingler & Müller, 2007, S. 461). Mit im Schnitt 142 Minuten hören die14-29-Jährigeen aktuell fünf Minuten mehr als noch bei der vorigen Erhebung (MAA 2006/II). Bei den 30--49-Jährigen gab es hingegen leichte Einbrüche zu verzeichnen. Die Hördauer sank von 213 Minuten im August 2006 auf aktuell 208 Minuten. Die über 50-Jährigen blieben dem Medium Radio dagegen konstant treu und legen im Vergleich zur vorigen Erhebung noch zwei Minuten, auf 190 Minuten, am Tag zu. Die öffentlich--rechtlichen Radioprogramme sind den Privatsendern, wie eingangs erwähnt, zwar zahlenmäßig unterlegen, verbuchen aber insgesamt ein en höheren Marktanteil.

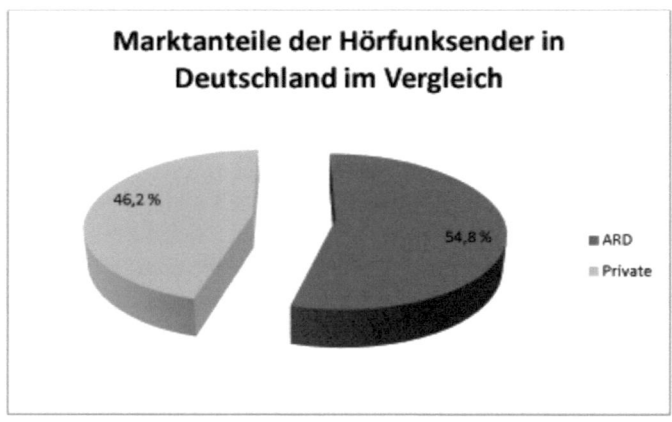

Anmerkung: Die Summe der Marktanteile kann größer 100 sein, da Überschneidungen möglich sind.

(Quelle: MA 2007/II. Eigene Darstellung.)

Abbildung 1: Marktanteile der Hörfunksender in Deutschland im Vergleich

Der meistgehörte Sender in Deutschland ist seit Jahren Radio NRW. 4,58 Millionen Menschen ab 14 Jahre hören 2007 täglich einen der 45 Lokalsender, die zu Radio NRW gehören. SWR 3 ist mit 3,42 Millionen Hörern täglich das erfolgreichste Einzelprogramm in Deutschland. Der einzige Privatsender, der es neben Radio NRW in die Top 10 geschafft hat, ist Antenne Bayern:

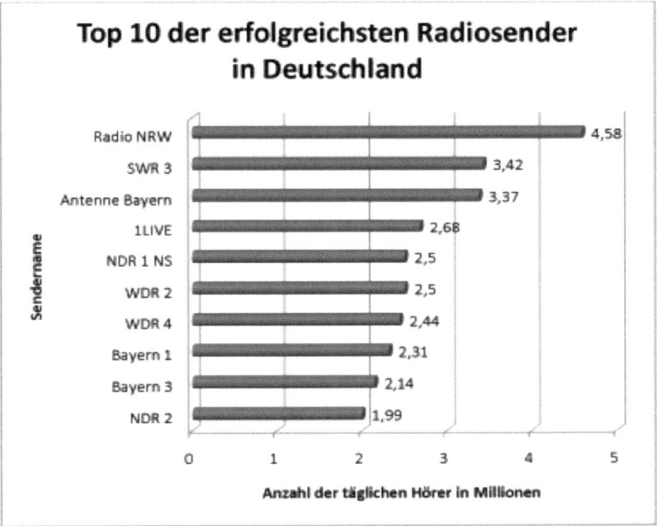

(Quelle: MA 2007/II Update. Eigene Darstellung.)

Abbildung 2: Top 10 der erfolgreichsten Radiosender in Deutschland

Die folgende Darstellung zeigt, dass sowohl private, als auch öffentlich-rechtliche Sender an Reichweite hinzugewinnen konnten. Ein Trend ist in dem beobachteten Zeitraum nicht zu erkennen.

Top 10 Reichweitengewinner

Sender	RW (MA 2008/I)*	RW (MA 2007/II)*	Veränderung (in Prozent)	Veränderung (absolut)*
Hit-Radio Antenne	1291	1094	18,0	197
WDR 4	2585	2497	6,1	149
radio ffn	1844	1726	6,8	118
hr 1	433	326	32,8	107
Radio SAW	1068	995	7,3	73
MDR 1 Radio TH	664	600	10,7	64
Energy Sachsen	301	239	25,9	62
MDR Jump	1295	1233	5,0	62
rs2	481	421	14,3	60
MDR 1 Radio ST	567	520	9,0	47

* Tagesreichweite (Mo-Fr), Angaben in Tausend.
(*Quelle:* MA 2007/II Update. Eigene Darstellung.)

Tabelle 3: Top 10 Reichweitengewinner

In Tabelle 4 fällt auf, dass Deutschlands erfolgreichste Privatsender Radio NRW und Antenne Bayern die größten Reichweitenverlierer im beobachteten Zeitraum sind. Mit RTL Radio, bigFM, Radio Gong 96,3 und Radio Arabella finden sich vier weitere Privatradios die deutlich an Reichweite verloren haben. Die Verantwortlichen dieser Sender machen vor allem den stagnierenden Anteil des Radios am klassischen Werbekuchen verantwortlich. Die genauen Gründe dafür werden in den folgenden Kapiteln dieser Arbeit analysiert.

Flop 10 Reichweitenverlierer				
Sender	RW (MA 2008/I)*	RW (MA 2007/II)*	Veränderung (in Prozent)	Veränderung (absolut)*
Radio NRW	4368	4578	-4,6	-210
Antenne Bayern	3171	3372	-6,0	-201
SWR 3	3253	3423	-5,0	-170
RTL Radio	653	754	-13,4	-101
bigFM	388	478	-18,8	-90
Bayern 1	2222	2310	-3,8	-88
Radio Gong 96,3	158	243	-35,0	-85
Radio Arabella	230	305	-24,6	-75
B 5 aktuell	543	617	-12,0	-74
SWR 4 RP	720	788	-8,6	-68

* Tagesreichweite (Mo-Fr), Angaben in Tausend.
(*Quelle:* MA 2007/II Update. Eigene Darstellung.)

Tabelle 4: Flop 10 Reichweitenverlierer

4 Hörfunk in Nordrhein-Westfalen

Im folgenden Kapitel wird die besondere Organisationsform des Hörfunks in NRW vorgestellt. Schwerpunkt dabei liegt auf der Vorstellung des Rahmenprogrammanbieters Radio NRW. Genauso wird auf die aktuelle Situation des Hörfunks in NRW mit Hilfe der Media-Daten eingegangen.

4.1 Hörfunklandschaft in NRW

Die sechs öffentlich-rechtlichen Programme des Westdeutschen Rund-funks (WDR) und die 45 NRW-Lokalradios bilden im Wesentlichen die Hörfunklandschaft in Nordrhein-Westfalen. In Tabelle 2 (Tab. 2) sind die WDR-Sender aufgeführt, die folgende Aufstellung gibt einen Überblick über die 45 Sender, die dem Rahmenprogramm von Radio NRW ange-schlossen sind[2]

Lokalradios in Nordrhein-Westfalen (Stand: 05/08)

Sender	Eigenproduziertes Lokalprogramm pro Tag in der Woche* (Std.)
90,8 Radio Herne	5
92,9 Radio Mülheim	3
94,9 Radio Herford	5
98,5 Radio Bochum	8
98,7 Radio Emscher-Lippe	8
102,2 Radio Essen	8
106,2 Radio Oberhausen	6
107,7 Radio Hagen	5
Antenne Düsseldorf	8
Antenne Münster	8
Antenne Niederrhein	5
Antenne Unna	6
Hellweg-Radio	5
Hit-Radio Vest	5
NE-WS 89,4	8
Radio 90,1	5
Radio 91,2	8

---

[2] Der Sender 107.8 Antenne AC ist der einzige Lokalsender in NRW, der nicht mehr mit dem Rahmenprogrammanbieter Radio NRW zusammen arbeitet. 107.8 An-tenne AC gehört mittlerweile zur Radio Salü-Gruppe.

Radio Aachen	8
Radio Berg	5
Radio Bielefeld	8
Radio Bonn/Rhein-Sieg	8
Radio Duisburg	8
Radio en	3
Radio Erft	8
Radio Euskirchen	3
Radio Gütersloh	5
Radio Hochstift	5
Radio K.W.	6
Radio Kiepenkerl	5
Radio Köln 107,1	8
Radio Leverkusen	3
Radio Lippe	8
Radio Lippe Welle Hamm	5
Radio MK	8
Radio Neandertal	5
Radio WMW	5
Radio RSG	5
Radio RST	8
Radio rur	5
Radio Sauerland	5
Radio Siegen	5
Radio WAF	5
Radio Westfalica	8
Radio Wuppertal 107,4	6
Welle Niederrhein	5

* ohne Bürgerfunk.
(*Quelle:* www.lfm-nrw.de. Eigene Darstellung.)

Tabelle 5:Lokalradios in Nordrhein-Westfalen

Zusätzlich zu den WDR-Sendern und den NRW-Lokalradios gibt es noch weitere digitale und bundesweite Programme, die in Nordrhein-Westfalen empfangbar sind. Auf diese kann an dieser Stelle aber nicht näher eingegangen werden.

4.2 Radio NRW

„Die radio NRW GmbH macht Radio - und zwar in und für Nordrhein-Westfalen. Wir sind der Rahmenprogrammanbieter für die NRW-Lokalradios und rund um die Uhr in ganz NRW zu hören. Die 45 NRW-Lokalradios beliefern wir mit einem kompletten Rahmenprogramm, Einzelbeiträgen, Comedy und Produktionselementen. Außerdem leisten wir einen Beitrag zu ihrer Finanzierung" (radio NRW, 2008). Seit dem März 1989 gibt es die Radio NRW GmbH in Oberhausen. Am

1. April 1990, gleichzeitig mit dem ersten Lokalsender Radio Duisburg nahm Radio NRW den Sendebetrieb auf. „Das Programm-Format von Radio NRW und den 45 NRW-Lokalradios ist nach eigenen Angaben ein durchgängig moderiertes Magazinprogramm" (Jennemann, 2003, S. 65). Außerhalb der eigenen Sendezeit übernehmen alle angeschlossenen NRW-Lokalradios das sogenannte Mantelprogramm von Radio NRW, das 24 Stunden verfügbar ist. Damit die Lokalstationen zu jeder vollen Stunde auf den Mantel umschalten können, ist jede Sendestunde in sich abgeschlossen. „Da der Hörer vor Ort sich mit ‚seinem' Lokalradio identifizieren soll, ist Radio NRW ein ‚no-name'-Produkt, das keine Senderkennung ausstrahlt und so ‚das Programm hinter dem Programm' bleibt" (Schaffrath, 1996, S. 104). Vertraglich und auch technisch festgelegt, übernehmen die Lokalradios die landesweiten Werbeblöcke vor den Weltnachrichten zur vollen Stunde sowie die darauf folgenden in Oberhausen produzierten Weltnachrichten. Die einzelnen Stationen werden für die ausgestrahlten Werbeblöcke an den Werbeeinnahmen durch Radio NRW beteiligt. Somit bietet Radio NRW nicht nur das Rahmenprogramm, sondern fungiert auch als „Finanzier des Lokalfunks" (Schaffrath, 1996, S. 104). Radio NRW stellt außerdem die Musiklaufpläne für die Lokalsender bereit, an die sich die Lokalsender auch halten müssen. Nach der Untersuchung von Donges und Steinwärder (1998) wird von den Musiklaufplänen abgewichen, wenn einzelne journalistische Beiträge musikalisch besonders gestaltet werden sollen (z.B. Musikwünsche von Hörern), das gilt auch bei Sondersendungen. Die generelle Folge dessen ist, dass fast zur selben Zeit, meistens nur um einige Sekunden oder Minuten verschoben, bei allen NRW-Lokalradios dasselbe Lied zu hören ist. Die Verschiebungen variieren nach der jeweiligen Länge des lokalen Beitrags- oder Moderationsplatzes. Das Musikformat von Radio NRW entspricht dem Standard „Adult Contemporary" (AC).

4.3 Das Zwei-Säulen-Modell

„Die wichtigste, das nordrhein-westfälische Zwei-Säulen-Modell konstitu-
ierende Komponente, ist die grundsätzliche Trennung von Programm und
Kapital" (Kurp, 1994, S. 264). Alle privaten Hörfunksender in NRW setzen
sich jeweils aus einer publizistischen und einer wirtschaftlichen Säule zusammen. Für die publizistische Säule ist die sogenannte Veranstaltergemeinschaft (VG) zuständig, für die wirtschaftliche die Betriebsgesellschaft. Die Veranstaltergemeinschaft trägt die alleinige Verantwortung
der Programmgestaltung: „Die mindestens zwölf und höchstens 22 Mit-
glieder zählende Organisation trifft alle für das Programm bedeutsamen
Entscheidungen, stellt die leitenden und redaktionell Beschäftigten ein,
beschließt über den jährlichen Wirtschafts- und Stellenplan und stellt
gemeinsam mit den Redaktionsmitgliedern ein Redakteurstatut auf"
(Schaffrath, 1996, S. 101). Nach Paragraph 26, Absatz 1 des Rundfunkge-
setzes für das Land Nordrhein-Westfalen (LRG NW) können folgende 13
Organisationen einen Vertreter bestimmen: Evangelische Kirchen, Katho-
lische Kirche, jüdische Kultusgemeinden, Kreistag (Rat der kreisfreien
Stadt oder Vertreterversammlung), gewerkschaftliche Spitzenorganisati-
onen, Arbeitgeberverbände, Jugendring des Kreises oder der kreisfreien
Stadt, Sportbund des Kreises oder der kreisfreien Stadt, Wohlfahrtsver-
bände, Naturschutzverbände, Verbraucher-Zentrale NRW, Verlegerinnen
und Verleger von Tageszeitungen mit Lokalausgaben im Verbreitungsge-
biet und die IG Medien bzw. der Deutsche Journalistenverband (etc.). Die
Betriebsgesellschaft ist privatwirtschaftlich organisiert und wird von den
örtlichen Zeitungsverlegern kontrolliert. Die Aufgabe der BG besteht darin, das Programm zu finanzieren und die technische Ausstattung des
Senders zu gewährleisten. Das passiert durch Kapitaleinlagen und Werbeeinnahmen. Der Unterschied zur VG besteht darin, dass die BG ge-
winnorientiert arbeitet. Was die Beteiligungen an den Betriebsgesellschaften angeht, so haben die örtlichen Zeitungsverleger ein vorrangiges
Beteiligungsrecht: „Die von den Zeitungsverlegern mit Erfolg vorgebrach-
te These, lokale elektronische Medien gefährdeten ihre wirtschaftliche
Existenz, führte zu einer Beteiligung der Zeitungsverleger an dem Gesell-
schafterkapital bis zu 75 Prozent" (Bakenhus, 1996, S. 17). Um einen Ver-
drängungswettbewerb zwischen den Zeitungsverlegern und den Lokalradios zu vermeiden, halten die restlichen 25 Prozent der Anteile die Kom-
munen. Die beiden Säulen VG und BG regeln ihr Verhältnis zueinander in
einem Kooperationsvertrag. Darin werden die jeweiligen Aufgaben sowie
die finanziellen und technischen Voraussetzungen festgelegt. Außerdem
bestehen nach Prodoehl fünf weitere Verbindungsbrücken zwischen VG

und BG: Einstellung und Entlassung des Chefredakteurs, Verabschiedung des Wirtschafts- und Stellenplans, Teilnahmerecht an den Sitzungen der jeweilig anderen Säule, Vertretung der Verleger durch Bestimmung eines Mitgliedes in der VG und schließlich die Vereinbarung über ein Rahmenprogramm. (vgl. Prodoehl, 1987, S. 234). Auch wenn das Zwei-Säulen-Modell grundsätzlich eine gleichberechtigte Partnerschaft zwischen VG und BG vorsieht, trägt die Betriebsgesellschaft das alleinige wirtschaftliche Risiko. Konsequenz dieser Tatsache ist, dass der Lokalfunk eindeutig von den Betriebsgesellschaften dominiert wird. Dazu kommt, dass es „aufgrund der internen Strukturen der Veranstaltergemeinschaft [...] häufig an grundlegender Kompetenz und Verständnis für detaillierte Rundfunkprozesse [mangelt]" (Schaffrath, 1996, S. 106).

4.4 Hörfunknutzung und Einschaltquoten

Im folgenden Teil dieser Arbeit wird die in Kapitel 4.2 zusammengefasste Konkurrenzsituation in der nordrhein-westfälischen Hörfunklandschaft zwischen den Programmen des WDR und der NRW-Lokalradios noch einmal genauer betrachtet. Grundlage dieses Kapitel bilden die Ergebnisse der Media-Analyse 2007 II (MA 2007/II). Die Tagesreichweite aller in NRW empfangbaren Radiosender liegt bei 13,39 Millionen Menschen ab 14 Jahren. Wie bereits in Kapitel 3.1 für den gesamtdeutschen Radiomarkt beschrieben, gilt auch für NRW: Die öffentlich-rechtlichen Sender sind den Privatsendern zahlenmäßig zwar unterlegen, verbuchen aber insgesamt einen höheren Marktanteil, wie die folgende Abbildung verdeutlicht: (*Quelle:* MA 22007/II. Eigene Darstellung.)

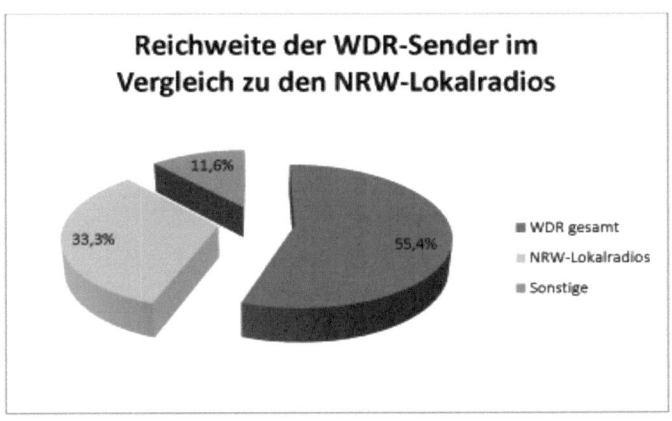

Abbildung 3: Reichweite der WDR-Sender im Vergleich zu den NRW-Lokalradios

Die sechs WDR-Programme hören mindestens einmall pro Woche mehr als die Hälfte der nordrhein-westfälischen Bevölkerung über 14 Jahre (55,4%). Hingegen hören nur ein Drittel (33,3%) Radio NRW oder bzw. einen der 45 Lokalsender. Auch was die Reichweiten der einzelnen Radiosender in NRW angeht, liegen die landesweiten WDR-Programme vor den meistgehörten Lokalsendern. Der landesweit meistgehörte Sender nach der MA 2 007/II ist Einslive mit 2,53 Millionen Hörern ab 14 Jahren pro Werktag. In den einzelnen Sendegebieten jedoch wird die Dominanz vieler Lokalsender deutlich. So erreicht Radio Lippe Welle Hamm als erfolgreichstes NRW-Lokalradio (gemessen an der Tagesreichweite) laut der E.M.AA. NRW 2007 II 48,1 Prozent aller Menschen ab 14 Jahre, die im Sendeggebiet des Lokalsenders wohnen.

18

5 Hörfunk in Bayern

Im folgenden Kapitel wird die besondere Organisationsform des Hörfunks in Bayern vorgestellt. Schwerpunkt dabei liegt auf der Vorstellung des größten landesweiten Senders Antenne Bayern. Genauso wird auf die aktuelle Situation des Hörfunks in Bayern mit Hilfe der Media-Daten eingegangen.

5.1 Hörfunklandschaft in Bayern

Die fünf öffentlich-rechtlichen Programme des Bayerischen Rundfunks, der einzige private landesweite Sender Antenne Bayern und 65 terrestrische Lokalradioprogramme bilden das Gros der Hörfunklandschaft in Bayern. Laut BLM liegt der Versorgungsgrad mit Lokalradios in Bayern bei etwa 97 Prozent. Das bedeutet: „Knapp zwölf Millionen Einwohner können mindestens ein Lokalradioprogramm in Bayern empfangen, die Hälfte davon können sogar zwei Lokalsender hören" (BLM, 2008). Von den 65 Lokalradioprogrammen werden 40 Sender von der BLR beliefert. Zum Angebot der BLR gehören nach eigenen Angaben: Nachrichten aus Bayern, Deutschland und der Welt (in verschiedenen Formaten); Korrespondentenberichte und O-Töne; aktuelle Berichte wie z.b. Politik, Sport, Kirche, Buntes, Rubriken wie z.b. Horoskop, Kalenderblatt, Kino-Tipp, Wetter; ein Mantelprogramm (Format: oldie-based AC), einschließlich Musikplanung. (vgl. BLR, 2008). Zusätzlich zu den BR-Sendern, Antenne Bayern und den Lokalradios gibt es noch weitere digitale, bundesweite, oder ausschließlich über Kabel empfangbare Programme, die in Bayern zu hören sind. Diese sind für diese Arbeit jedoch nicht relevant.

5.2 Das Kombinationsmodell in Bayern

Im Gegensatz zu NRW, wo in jedem der 45 festgelegten Verbreitungsgebiete jeweils nur ein privater Anbieter existiert, konkurrieren in Bayern mehrere Sender am selben Ort. „Zwischen 1985 und 1994 [entstanden in Bayern] ein landesweiter Anbieter[3] und 45 lokale Vollprogramme sowie 14 Stationen, die gemeinsam auf einer Frequenz senden. Da [in Bayern] jedoch Rundfunk allein in öffentlich-rechtlicher Trägerschaft gestattet ist, institutionalisierte man im Freistaat 19 sog. Kabelgesellschaften, die die kommerzielle Hörfunkorganisation abwickeln" (Schaffrath, 1996, S. 120). Ein Anteilseigner darf höchstens mit weniger als 25 Prozent der Kapital-

---

[3]   Antenne Bayern

und Stimmrechte an diesen Kabelgesellschaften teilhaben. Zeitungs- und Zeitschriftenverlage, Vertreter öffentlicher Gebietskörperschaften und plural zusammengesetzte Kräfte der Region setzen die jeweilige Kabelgesellschaft zusammen. Aufgabe der Kabelgesellschaften ist es, „lokale oder regionale Rundfunkprogramme [...] aus Beiträgen der Anbieter zu organisieren und abzuwickeln und die hierzu erforderlichen Verträge abzuschließen" (Pape & Detlev, 1988, S. 591). Die Medienbetriebsgesellschaften stellen die notwendigen technischen Einrichtungen zur Verfügung und gewährleisten die technische Ausstattung der Sender. Außerdem sollen die Betriebsgesellschaften nach Artikel 24, Absatz 3 des Gesetzes über die Entwicklung, Förderung und Veranstaltung privater Rundfunkangebote und anderer Mediendienste in Bayern vom 24. November 1992 (in: Pape & Detlev, 1988, S. 592) auf das Entstehen in sich geschlossener Gesamtprogramme achten und zur Sicherung der Programmvielfalt insbesondere auf eine wirtschaftliche Kooperation der Anbieter hinwirken. 1990 wurde ein als „bayerisches Ergänzungsprogramm" (Schaffrath, 1996, S. 112) konzipiertes Mantelprogramm beschlossen. Seit April 1991 steht den Lokalradios ein kostenloses 24-Stunden Mantelprogramm zur Verfügung. Das Programm wird von der Dienstleistungsgesellschaft für Bayerische Lokal-Radio-Programme mbH & Co. KG (BLR) produziert. „Unter Beibehaltung eines mit der Landesmedienzentrale zur Sicherung der lokalen Programmidentität vereinbarten Mindestanteils an eigenverantwortlichen und eigenproduzierten Programmanteilen können die Lokalstationen das BLR-Angebot nutzen" (Schaffrath, 1996, S. 112). Dabei stehen die Mindestsendezeiten in Abhängigkeit zum Werbepotential des Sendegebiets. In der Regel betragen sie zwischen zwei und 14 Stunden am Tag (vgl. Schaffrath, 1996, S.112).

5.3 Antenne Bayern

Seit dem 5. September 1988 sendet Antenne Bayern ein 24-Stunden-Vollprogramm, welches in ganz Bayern und in den angrenzenden Bundesländern empfangbar ist. Seit 1998 sitzt Antenne Bayern im Sendezentrum Ismaning bei München. Die Kernzielgruppe des Senders wird nach eigenen Angaben 14 bis 49 Jahren beziffert. Die Musikfarbe entspricht genau wie bei Radio NRW dem Standard „Adult Contemporary" (AC). Die technische Reichweite beträgt nach Angaben der BLM etwa 15 Millionen Personen in Bayern, Hessen, Baden-Württemberg, Sachsen, Sachsen-Anhalt und Thüringen (Radio NRW etwa 13,8 Millionen). Antenne Bayern ist ein eigenständiges, landesweites Programm, an dem insgesamt acht Gesellschafter beteiligt sind. Die größten Kapital- und Stimmrechtsanteile, die durch das Gesetz über die Entwicklung, Förderung und Veranstaltung privater Rundfunkangebote und anderer Mediendienste in Bayern reglementiert sind, besitzt die m.b.t Mediengesellschaft der bayerischen Tageszeitungen für Kabelkommunikation mbH & Co. Bayernprogramm KG (24,9%) (vgl. Pape & Detlev, 1988, S.591). Eine eigene Musikredaktion stellt jeweils die aktuelle Rotation zusammen: „Vorwiegend wird Pop gespielt (61,5%). Der Rest wird mit verträglichem und massentauglichem Rock, einschließlich so genanntem "Kuschelrock" bestritten. Andere Stilrichtungen kommen nicht vor" (Seibel-Müller, 2007). Ein weiteres, für Antenne Bayern charakteristisches Ergebnis der Studie von Seibel-Müller ist die Tatsache, zur Hauptsendezeit am Morgen die jeweils aktuelle Major-Promotion ausgiebig zu thematisieren: „Hier ging es [...] um die "100.000-Euro-Hits". Sage und schreibe fast ein Sechstel der gesamten Sendezeit (26 Minuten und 30 Sekunden) wurden für Bewerbung und Durchführung von Spielrunden an diesem Morgen eingesetzt, mehr als doppelt so viel wie für den gesamten Service (Verkehr und Wetter) und auch deutlich mehr als für den Sport [...]. Seit 1994 übernimmt Antenne Bayern die Vermarktung der bayerischen Lokalradios. Außerdem stellt und teilt Antenne Bayern die Nettowerbeerlöse unter den Lokalsendern auf, um das Mantelprogramm der BLR zu finanzieren. (vgl. Schaffrath, 1996).

5.4 Hörfunknutzung und Einschaltquoten

Um die Konkurrenzsituation zwischen den Hörfunkprogrammen des BR, Antenne Bayern und der Lokalsender in Bayern genauer betrachten zu können, werden im folgenden Kapitel auf Grundlage der Media Analyse 2007 II (MA 2007/II) die Daten zur Hörfunknutzung und die Einschaltquoten der bayerischen Sender vorgestellt. Die Tagesreichweite aller in Bayern empfangbaren Radiosender liegt bei 12,76 Millionen Menschen ab 14 Jahren. Trotz der zahlenmäßigen Überlegenheit der Lokal- und Privatprogramme (65), verbuchen sowohl der landesweite Privatsender Antenne Bayern und erst recht die öffentlich-rechtlichen Sender des Bayerischen Rundfunks (5) einen höheren Marktanteil, wie die folgende Abbildung verdeutlicht: (Quelle: MA 2 007/II. Eigene Darstellung.)

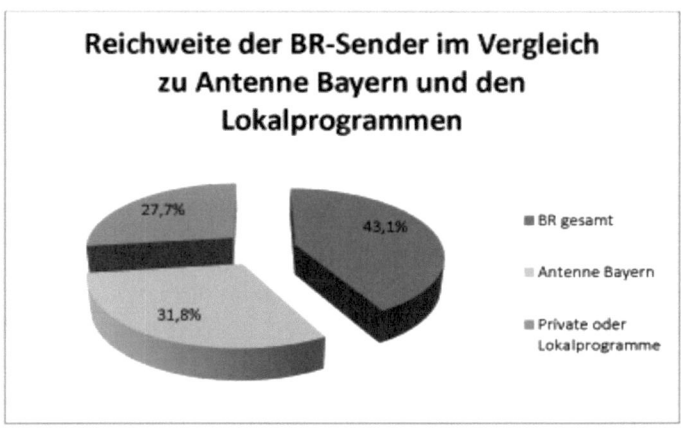

Abbildung 4: Reichweite der BR-Sender im Vergleich zu Antenne Bayern und den Lokalprogrammen

Was die Reichweiten der einzelnen Sender angeht, liegt Antenne Bayern mit 3,337 Millionen Hörern pro Tag mit großem Vorsprung an der Spitze. Das meistgehörte Programm des Bayerischen Rundfunks ist nach der MA 22007/II Bayern 1 mit 2,31 Millionen Hörern pro Tag knapp vor Bayern 3 ((2,14 Millionen).

6   Situation au auf dem Werbemarkt

Seit 2003 erleben Mehrwertdienste-Formate im privaten Hörfunk einen Boom. Hauptgrund dafür war der Einbruch der Brutto--Werbespendings. Die Hörfunkanbieter wollen die wirtschaftliche Abhängigkeit von den Werbeeinnahmen verringern, aber auch die Profitabilität des Programms soll verbessert werden. Das eigentliche Problem aus der wirtschaftlichen Sicht der Hörfunkanbieter „ist jedoch die Brutto-Netto-Schere, die s ich in den letzten Jahren bei beiden Medien [Radio und TV] immer stärker geöffnet hat, sodass steigende Bruttoeinnahmen nicht zwangsläufig auch zu höheren Nettoerlösen führten" (Goldhammer & Lessig, 2005, S.98).

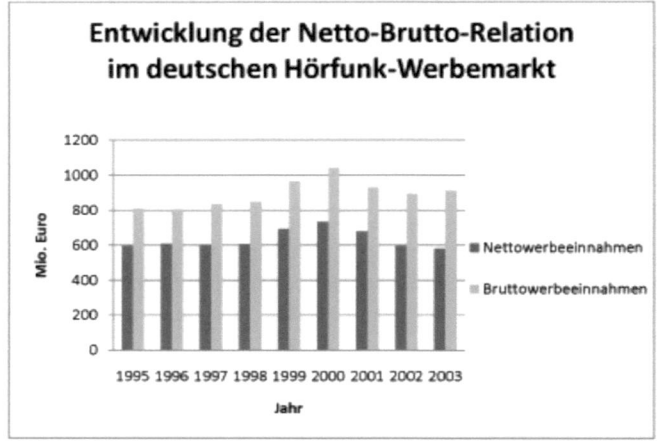

(*Quelle:* Goldmedia Research; Brutto-Nettozahlen: ARD-Werbung nach Nielsen Media Research und ZAW Jahrbüchern. Eigene Darstellung.)

Abbildung 5: Entwicklung der Brutto-Netto-Relation im deutschen Hörfunk-Werbemarkt

Der Hörfunkvermarkter RMS, der unter anderem auch die Major Promotions bei Radio NRW und Antenne Bayern betreut, hat im ersten Halbjahr 2004 trotz eines deutlichen Anstiegs der Bruttowerbeeinnahmen um 4,6 Prozent nur ein Nettowachstum von rund 1 Prozent verzeichnet (vgl. Goldhammer & Lessig, 2005, S.99). Goldhammer und Lessig gehen in ihrer Studie außerdem davon aus, dass „auch in den kommenden Jahren mit einer Stagnation, bestenfalls aber mit einer moderaten Steigerung der Werbeerlöse im Rundfunkbereich zu rechnen" (ebd., S.100) ist. Einig sind sich die Radioveranstalter, dass klassische Radiowerbung die Haupterlösquelle für Radiosender bleiben wird. Mehrwertdienste stellen maximal eine Nebenerlösquelle dar.

Die Schickler Beratungsgruppe stellte in einer Studie 2004 dennoch fest, dass Telefon-Dienste künftig als die am deutlichsten ansteigende Erlösquelle angesehen werden. Diese Entwicklung zeigt auch die folgende Tabelle:

Künftige Erlösquellen im Radio (Entwicklung bis 2006)

Erlösquelle	Entsprechende Umsatzanteile werden...		
	ansteigen	unverändert bleiben	sinken
Telekom-Mehrwertdienste	78	4	-
0137-/0190-Rufnummern	74	4	4
Premium SMS-Dienste	61	9	-
Paid Content (Web)	35	35	4
"Gebrandete" Fremdprodukte	26	30	9
Merchandising	22	44	17
Verkauf von Hörerdaten	22	39	-
Direct Radio (Cpl / CpO)	17	35	4
CD-Verkauf	9	48	17

(*Quelle:* Schickler Beratungsgruppe lt. WuV Compact Nr.9 / 2004;

Angaben in Prozent der Befragten;

Basis: 23 Radiosender / Vermarktungsgesellschaften. Eigene Darstellung.)

Tabelle 6: Künftige Erlösquellen im Radio

Ergänzend zur voranstehenden Tabelle muss gesagt werden, dass der Umsatzanstieg der Telefon-Mehrwertdienste meist in einer Spanne von vier bis 20 Prozent gesehen wird. Rund 22 Prozent der befragten Radiosender erwarten nach der Studie von Schickler einen stärkeren Anstieg dieser Erlösquelle. Die Rede ist hier von mehr als 20 Prozent Umsatzplus bis 2006.

7   Beispiele für Telefongewinnspiele

Im nun folgenden Kapitel sollen die häufigsten Konzepte von Telefongewinnspielen im Radio einmal detaillierter vorgestellt werden. Dies soll die
Vergleichbarkeit und Folgen der Gewinnspielmethoden verdeutlichen.
Bekannteste Major Promotions sind etwa „Das geheime Geräusch" oder
„100.000 für 10". Der Grund dafür, dass sich bundesweit betrachtet derartige Gewinnspielkonzepte häufen, liegt darin, dass viele Vermarkter (z.B.
RMS) ein und dasselbe Konzept an mehrere Sender oder Sendergruppen
wie beispielsweise Radio NRW verkaufen. Oftmals werden die Spiele nur
geringfügig abgeändert. Folgende Tabelle zeigt den Erfolg bei klassischen
Major Promotions, wie sie viele Sender durchführen:

Anrufzahlen bei Major Promotions ausgewählter Radiosender (2003/2004)			
Sender	Hörer / Ø-Stunde*	Euro / Anruf	Ø-Anrufe / Tag
Antenne Bayern	687.000	0,49	107.000
Hit Radio FFH	617.000	0,24	71.500
Radio SAW	373.000	0,24	29.800
94'3 r.s.2	200.000	0,49	30.000

(*Quelle:* Goldmedia Research auf Basis von Senderangaben,
Expertengesprächen und Presseveröffentlichungen in Horizont, W&V,
Tagesspiegel. Eigene Darstellung.)
*Hörer ab 14 Jahre, 6-18 Uhr, Angabe lt. MA Radio (jeweils auf den
Aktionszeitraum folgende Erhebungswelle)

Tabelle 7: Anrufzahlen bei Major Promotions ausgewählter Radiosender

Die Tabelle zeigt, dass je nach Tarifierung und Ausgestaltung eine Major
Promotion den jeweiligen Radiosendern erhebliche Zusatzerlöse besche-
ren kann.

Nach Berechnungen von Goldhammer und Lessig wurden bei Antenne
Bayern innerhalb von vier Wochen im Frühjahr 2004 circa drei Millionen
Anrufe zu je 0,49 Euro gezählt. Das macht Nettoeinnahmen allein durch
die Anrufe von 1,3 Millionen Euro, „von denen gemäß der bei 0137-8/9 üblichen Anbieterausschüttungen etwa zwei Drittel – rund 850.000 Euro

– beim Veranstalter verbleiben. Nach Presseangaben lag die ausgeschüt-
tete Gewinnsumme bei ,über 300.000 Euro', so dass das Ergebnis aus die-

ser Aktion für den Sender – vor Marketingkosten für die Off-Air-Promotion u.dgl. – gut 500.000 Euro beträgt" (Goldhammer & Lessig, 2005, S. 161). Antenne Bayern kann als einer der Vorreiter im Bereich der beschriebenen Mehrwertdienste bzw. Major Promotions verstanden werden. Wie schon Tabelle 7 zeigt, hat Antenne Bayern bereits seit 2003/2004 großen Erfolg mit Major Promotions gehabt und hat derartige Gewinnspiele seitdem mindestens zweimal pro Jahr (immer vor der Frühjahrs- bzw. Herbstwelle) im Programm. Der besseren Vergleichbarkeit mit Radio NRW halber, werden nun nur die beiden Antenne Bayern-Major Promotions vor den Frühjahrswellen 2007 und 2008 vorgestellt: Das Gewinnspiel „Die Antenne Bayern 100.000 Euro Hits" sendete Antenne Bayern von Januar bis März 2007. Dabei mussten die Hörer drei im Programm vorgestellte Musikstücke erkennen und nach deren Ausstrahlung eine 50 Cent teure Mehrwert-Rufnummer wählen, um am Gewinnspiel teilzunehmen. Die Gewinnsumme ist wie folgt gestaffelt: Läuft einer der angekündigten Songs im Programm von Antenne Bayern und wird von den Hörern erkannt, gibt es 1000 Euro zu gewinnen. Bei zwei Songs hintereinander gibt es 10.000 Euro und wenn alle drei aneinander sowie in voller Länge zu hören sind, gibt es

100.000 Euro. Eine neue Variante von Telefongewinnspielen veranstaltete Antenne Bayern im Frühjahr 2008. Beim Spiel „Antenne Bayern-Cash-Call" gab es keine kostenpflichtige Mehrwert-Telefonnummer, die die Hörer wählen mussten, um am Gewinnspiel teilzunehmen. Im laufenden Programm wurde ein beliebiger Geldbetrag genannt, den per Zufall bestimmte Hörer exakt benennen mussten, um diesen zu gewinnen. Der „Antenne Bayern-Cash-Call" erfolgte auf privaten Festnetzanschlüssen, Mobiltelefonen und auch Firmennummern. Der höchste Gewinn lag bei 55.505 Euro.

Radio NRW hat sich in seiner knapp 20-jährigen Geschichte bislang eher zurückgehalten, was Major Promotions angeht. Im Januar 2007 veranstaltete das Rahmenprogramm der NRW-Lokalradios das Gewinnspiel „Das geheimnisvolle Geräusch". Insgesamt dauerte das Gewinnspiel fünf Wochen. In einer offiziellen Pressemitteilung ist die Rede vom „bisher erfolgreichsten Gewinnspiel überhaupt" (Pressemitteilung Radio NRW vom 3. Februar 2007). Da diese Promotion auch deutschlandweit mit am weitesten verbreitet war in den letzten fünf Jahren, soll der Spielmodus nun einmal genauer erläutert werden: Kernaufgabe dieses Spiels ist das Erraten eines meist sehr kurzen Geräuschs, das im jeweiligen Programm wiederholt vorgespielt wird. Radio NRW ließ 2007 die Begriffe Eisbergsalat, Seifenspender, Pfeffermühle und Trinkpäckchen-Strohhalm erraten. Die Teilnahme erfolgt meistens über eine kostenpflichtige 0137-Nummer, die von Sender zu Sender verschieden zwischen 24 und 50 Cent kosten kann. Im Falle des „Geheimnisvollen Geräuschs" bei Radio NRW wurde jeder zehnte Anrufer pro Spielrunde ins Studio durchgestellt. Auch bei einer falschen Antwort war den Gewinnern ein Geldpreis in Höhe von 100 Euro sicher. Mit jedem falschen Tipp erhöht sich der Gesamtjackpot des Gewinnspiels stetig. Der Gewinner des höchsten Geldpreises bei Radio NRW gewann 2007 so 37.900 Euro. Durch diese immer größer werdende Gewinnsumme steigt die Dramaturgie eines solchen Gewinnspiels und erhöht so den Reiz für die Hörer. Dies hat zur Folge, dass zumindest „eine stabil hohe oder sogar steigende Zahl an Anrufen generiert werden kann" (Goldhammer & Lessig, 2005, S.161). Ein weiteres beliebtes Gewinnspiel ist das Format „100.000 für 10", das Radio NRW vom 1. bis zum 27. Januar 2008 als zweite große Major Promotion ins Programm nahm. Bei diesem Spiel bringt der jeweilige Sender eine festgelegte Anzahl von 10-Euro-Banknoten in Umlauf. Die Seriennummer eines jeden Scheins wird vorab von einem Notar registriert. Im Programm werden nun nach festgelegter Häufigkeit die registrierten Seriennummern verlesen. In einem ebenfalls senderintern festgelegten Zeitfenster hat nun der potentielle Gewinner mit dem richtigen 10-Euro-Schein die Chance über eine wiederum kostenpflichtige Mehrwertdienste-Nummer sich zu melden. Oft wird den anderen Hörern bei Gewinnspielen dieser Art noch eine „Zusatzchance" ermöglicht, wo bereits für die drei letzten richtigen Ziffern auf der Seriennummer des Geldscheins ein (meist kleinerer) Gewinn ausgeschüttet wird.

Auf derartige Gewinnspielmethoden wird in der alltäglichen Programm-Moderation der Sender immer wieder hingewiesen. Laut der Studie von Goldhammer und Lessig wird je nach Tageszeit drei bis fünf Mal pro Stunde auf eine laufende Major Promotion hingewiesen, in Minuten ausgedrückt entspricht dies etwa zwölf bis zwanzig Minuten. Insbesondere bei Lokalradios ist diese Zahl allerdings deutlich geringer. Radio NRW weist in seiner Pressemitteilung vom 3. Februar 2007 zur Bilanz des Gewinnspiels „Das geheimnisvolle Geräusch" dementsprechend darauf hin, dass „es bei einigen Lokalsendern zu Varianzen gekommen sein [kann]. Zwar fand auch hier das Gewinnspiel statt, jedoch ggf. nicht jede Stunde. Nicht jeder NRW-Lokalsender hat in vollem Umfang an dem Gewinnspiel teilgenommen." Der Grund hierfür liegt an der großen Vorsicht gegenüber solch massiv beworbenen Gewinnspielen. Gerade bei Lokalradios ist der Hörer „näher dran", es besteht ein intensiverer Bezug zum Moderator. Durch die größere Nähe zu den Hörern besteht auch eine größere Gefahr, durch bestimmte Gewinnspielmethoden und Aktionen Hörer zu verlieren. Daher gehen insbesondere kleine Sender bei der Einbindung von Mehrwertdiensten in ihrem Programm behutsam vor, um das Hörervertrauen nicht zu beschädigen.

Unabhängig davon liegt die Hauptmotivation der Sender eine Major Promotion wie „Das geheimnisvolle Geräusch" oder „100.000 für 10" zu veranstalten in der Stärkung der Hörerbindung.

8 Hypothesen

Im Folgenden werden die Hypothesen, anhand derer die Darstellung der Auswirkungen und Konsequenzen von Telefon-Gewinnspielen bei Deutschlands reichweitenstärksten landesweiten Privatsendern untersucht werden sollen, vorgestellt und begründet.

Hypothese 1: **Telefon-Gewinnspiele mit kostenpflichtigen Mehrwert-Rufnummern führen mittelfristig, also in der unmittelbar auf das Gewinnspiel folgenden Media-Analyse, zu einer Steigerung der Tagesreichweite.**

Gewinnsummen weit über 100.000 Euro, intelligent konzipierte Gewinnspiele und aufwändiges On-Air-Design sind die Gründe für den kurzfristigen, aber großen Erfolg für Telefon-Gewinnspiele im Radio. Trotz kostenpflichtiger Mehrwert-Telefonnummern rufen tausende Hörer täglich in den Gewinnspielstudios an (s. Kapitel 7, Abb. 7); auch, weil die „gefühlte" Gewinnchance höher ist als beispielsweise im millionenfach geschauten Fernsehprogramm. Den intensiveren Bezug zum Moderator und ein großes Vertrauen zum Sender machen sich die Programmmacher meistens dann zu Nutze, wenn die Marktforscher die neuen MA-Daten ermitteln.

Hypothese 2: **Telefon-Gewinnspiele mit kostenpflichtigen Mehrwert-Rufnummern führen, ab der zweiten auf das Gewinnspiel folgenden Media-Analyse, zu einem Rückgang der Tagesreichweite.**

Gewinnspiele, die oft einen Monat lang jeden Tag stündlich bis zu zwanzig Minuten (s. Kapitel 7) im laufenden Programm beworben werden, strapazieren und verärgern die Hörer nachhaltig.

Kostenpflichtige Mehrwert-Rufnummern mit Minutenpreisen bis zu 50 Cent beschädigen das Hörervertrauen, da sich die Rezipienten „abgezockt" fühlen könnten. Monotone und immer wiederkehrende Gewinnspielmodi statt journalistisch anspruchsvollem Programm vergraulen die Hörer langfristig.

Hypothese 3: **Öffentlich-rechtliche Sender profitieren von den Telefon-Gewinnspielen der landesweiten Privatsender insofern, dass sie Hörer dazu gewinnen, die die Privaten verlieren.**

Sechs öffentlich-rechtliche Radioprogramme in Nordrhein-Westfalen beziehungsweise fünf öffentlich-rechtliche Sender in Bayern stehen den Hörern als Alternative zur Verfügung (s. Kapitel 3, Tab. 2). Gemäß dem Programmauftrag des öffentlichen Rundfunks in Deutschland, dürfen die von den Gewinnspielen der Privatsender „genervten" Hörer Information, Bildung, Unterhaltung sowie Beratung aus Ressorts wie Politik, Wirtschaft, Sport und Kultur von den öffentlich-rechtlichen Sendern erwarten.

Hypothese 4: Radio NRW verliert aufgrund seiner Struktur als Rahmenprogrammanbieter mit 45 angeschlossenen Lokalradios absolut mehr Hörer durch Major Promotions als Antenne Bayern.

Mehrere Studien haben bereits gezeigt, dass insbesondere Hörer von Lokalradios eine größere Nähe zum Sender aufweisen als beispielsweise zu einem landesweiten Programm. Gerade für kleine Sender auf lokaler Ebene ist das Hörervertrauen extrem wichtig. Aufgrund der Struktur des lokalen Hörfunks in NRW (s. Kapitel 4) sind die angeschlossenen Lokalsender mehr oder weniger „gezwungen" die von Radio NRW veranstalteten Gewinnspiele zu übernehmen. In der Summe verlieren alle Radio NRW-Sender insgesamt mehr Hörer als Antenne Bayern. Ein weiterer Faktor im Vergleich zwischen Radio NRW und Antenne Bayern könnte sein, dass die Hörerschaft von Antenne Bayern im Gegensatz zu der von Radio NRW schon seit vielen Jahren Major Promotions aus dem Programm „gewohnt" ist (s. Kapitel 7).

Hypothese 5: Radio NRW-angehörige Lokalsender verlieren in der Folge von Major Promotions weniger Hörer, je mehr eigenproduziertes Lokalprogramm sie senden.

Anschließend an Hypothese 4 können Radio NRW-angehörige Lokalsender Reichweitenverluste auffangen, je mehr eigenproduziertes Programm sie während eines Gewinnspielzeitraums senden. Dadurch reduziert sich die Dauer des Mantelprogramms von Radio NRW und somit während einer Major Promotion auch der Umfang des Gewinnspiels im jeweiligen Lokalprogramm. Grundlage bei der Untersuchung bildet Tabelle 2 und die speziell für Nordrhein-Westfalen erhobene elektronische Medienanalyse (E.M.A. NRW).

Hypothese 6: Je größer der höchste Einzelgewinn bei einem Telefon-Gewinnspiel ist, desto positiver sind die Konsequenzen für den jeweiligen Sender direkt nach der Major Promotion.

Die meisten Gewinnspiele funktionieren nach einer Jackpot-Mechanik. Mit zunehmender Spieldauer nimmt meist auch die Gewinnsumme zu. Nach Erfahrung des Service Providers *Legion* sind die Anrufzahlen mit Jackpot bis zu sechsmal so hoch wie ohne. Daher ist davon auszugehen, dass dieses Hörerverhalten positive Auswirkungen in den jeweiligen Media-Analysen zur Folge hat. Entscheidend ist hierbei nicht die theoretisch höchste Gewinnsumme oder die Gesamtgewinnausschüttung beim jeweiligen Gewinnspiel, sondern der höchste tatsächlich ausgelobte Gewinn an die Hörer.

9 Methodik

Für die Überprüfung meiner in Kapitel 8 aufgestellten Hypothesen benötige ich in meiner Arbeit Daten, die Parameter wie Hörerzahlen und -entwicklungen in einem Bevölkerungslängsschnitt aufzeigen. Dafür gibt es verschiedene Forschungsinstitute, die repräsentative Daten zur Radionutzung erheben. Die Arbeitsgemeinschaft Media-Analyse ist dabei die gängigste und auch die von der Werbewirtschaft am meisten beachtete Erhebung. Deshalb bildet die Darstellung der Untersuchungsanlage der MA Radio den Schwerpunkt im methodischen Teil dieser Arbeit. Da auch die speziell für Nordrhein-Westfalen erhobene elektronische Medienanalyse (E.M.A. NRW) dabei berücksichtigt wird, wird in diesem Kapitel auch ein kurzer Methodensteckbrief dieser Erhebungsform vorgestellt.

9.1 Die MA Radio

Von 1972 bis zum Frühjahr 1999 wurde die MA auf Basis von persönlich-mündlichen Interviews (Face-to-face, paper-pencil) erhoben. Seit dem Herbst 1999 wird die MA mittels telefonischer Befragung ermittelt (Computer Assisted Telephone Interviews = CATI). Stellvertretend für andere Erhebungen im Rahmen der MA Radio seit 1999 wird nun der Methodensteckbrief der in dieser Arbeit häufig zitierten MA 2007 Radio II vorgestellt, um einen ersten Eindruck von der Methodik zu bekommen:

Der Erhebungszeitraum bei der MA 2007 Radio II ist in zwei Befragungswellen aufgeteilt. Der erste Erhebungszeitraum liegt zwischen dem 3.9. und 17.12.2006. Hierbei handelt es sich um die sogenannte Herbstwelle. Der zweite Erhebungszeitraum, die Frühjahrswelle, wurde zwischen dem 7.1. und 22.04.2007 durchgeführt. Die Fallzahlen orientieren sich an der Grundgesamtheit der deutschen Bevölkerung in Privathaushalten am Ort der Hauptwohnung ab einem Alter von 14 Jahren. In der konkreten Erhebung wird von einer Grundgesamtheit von 64,818 Millionen ausgegangen. Das entspricht einer gewichteten Fallzahl von exakt 64.504. Die Stichprobe wird mittels der ADM[4]-Telefonstichprobe, einer computergesteuerten mehrstufigen systematischen Zufallsauswahl, bestimmt. Diese Telefonstichprobe wird schließlich in drei Stufen gegliedert werden, die zu einem späteren Zeitpunkt in diesem Kapitel genauer beschrieben werden: Blockziehung, Ziehung einer Nummer pro Block und der sogenannte Schwedenschlüssel. Die ARD-Werbung Sales & Services GmbH hat 2003

---

[4] Arbeitskreis deutscher Markt- und Sozialforschungsinstitute e.V.

eine genaue Beschreibung[5] der Vorgehensweise herausgebracht, die auch in den folgenden Kapiteln hauptsächlich herangezogen wird, um die verwendeten Methoden genauer vorzustellen.

9.2 Das Feldmodell

Das Feldmodell regelt die organisatorische und zeitliche Verteilung der Interviews. Die Befragung wird in zwei Wellen im Herbst und Frühjahr durchgeführt. Jede Welle geht zweimal in die Berichterstattung ein. Im März werden die Frühjahrs- und Herbstwelle des letzten Jahres veröffentlicht. Im Juli die Herbstwelle des letzten Jahres und die Frühjahrswelle des aktuellen Jahres. In einem rollierenden System wird so die ältere Welle jeweils durch eine neue Welle ersetzt, was eine möglichst große Fallzahl ermöglicht. Der computergesteuerte Einsatz der Telefonnummern sorgt dafür, dass die Interviews über die gesamte Fläche Deutschlands gleichmäßig über die Wochentage und Einsatzwochen verteilt werden. Die Dauer der gesamten Feldzeit beträgt 30 Wochen. Die Hauptinterviewzeit liegt zwischen 17.00 und 21.00 Uhr. Bevor eine Nummer als nicht belegter Anschluss vom System identifiziert und somit als neutraler Ausfall abgelegt wird, muss sie an mindestens 10 verschiedenen Tagen insgesamt mindestens 15 mal kontaktiert worden sein. Dabei muss die Nummer ab dem 9. Tag auch vor 17 Uhr eingesetzt werden.

9.3 Die Stichprobe

Die Stichprobe der MA Radio hat zwei primäre Ziele: Zum einen soll sie ein verkleinertes Abbild der Grundgesamtheit der deutschen Bevölkerung ab 14 Jahre erstellen. Zum anderen müssen die unterschiedlichen regionalen Radiomärkte in Deutschland abgebildet werden. Die Grundgesamtheit umfasst die deutsche Bevölkerung in Privathaushalten am Ort der Hauptwohnung im Alter von 14 und mehr Jahren. Jeder Haushalt mit Telefon hat eine Chance für die Befragung ausgewählt zu werden. Um selektiert zu werden, müssen auch die nicht eingetragenen Telefonteilnehmer in die Auswahl mit einbezogen werden. Der Umfang der nicht in den Verzeichnissen eingetragenen Festnetz-Telefonnummern wird inzwischen auf mehr als 20% aller Anschlüsse geschätzt. Um auch diese Anschlüsse in die Befragung mit einbeziehen zu können, werden alle eingetragenen Telefonnummern zu Blöcken so zusammengefasst, dass sie jeweils bis auf die beiden letzten Ziffern übereinstimmen. Daraufhin wer-

---

[5] In Anlehnung an: ARD-Werbung Sales & Services GmbH (Hrsg.). (2003). Die Media-Analyse Radio – Eine Methodenbeschreibung.

den für jeden Block die bisher nicht enthaltenen Telefonnummern mit den Endziffern 00-99 generiert. Aus allen eingetragenen (31 Mio.) und generierten (56 Mio.) Rufnummern ergeben sich 558.000 Blöcke, welche dann auf die Gemeinden verteilt werden. Es besteht also eine eindeutige Zuordnung der Rufnummern auf die Gemeinden. Pro Sample Block (Hunderterblock) darf nur eine zufällig ausgewählte Telefonnummer bearbeitet werden. Nur in dem Fall, dass unter der Rufnummer niemand zu erreichen ist, oder sich diese Rufnummer als ein Firmenanschluss herausstellt, darf eine zweite Telefonnummer für den jeweiligen Sample Block herangezogen werden. Diese festen Vorgaben dienen der ag.ma als qualitätssichernde Maßnahmen. Die endgültige Ziehung der Stichprobe erfolgt in mehreren Stufen:

Stufe 1: Ziehung des Hunderterblocks

In der ersten Stufe werden in systematischer Zufallsauswahl die Blöcke gezogen, in denen später die Befragung durchgeführt werden soll.

Stufe 2: Ziehung des Haushalts

Aus dem per Zufall ausgewählten Block werden 20 Rufnummern gezogen, von denen aber nur eine bearbeitet werden darf. Bei einem Besetztzeichen ist die Rufnummer nach 15 Minuten erneut anzurufen. Nimmt jedoch niemand ab, so muss diese Rufnummer an mindestens fünfzehn unterschiedlichen Zeitpunkten an zehn verschiedenen Tagen angerufen werden. Erst wenn sich die Nummer danach als Ausfall herausstellt, darf eine andere Rufnummer herangezogen werden.

Stufe 3: Auswahl der Befragungsperson

Die Auswahl der zu befragenden Personen geschieht ebenfalls durch ein Zufallsverfahren (dem sog. Schwedenschlüssel), indem der Interviewer vom Computerprogramm vorgegeben bekommt, mit welcher der ermittelten Personen das Interview durchgeführt werden soll. Im Gegensatz zum bisherigen Vorgehen bei Face-to-Face-Befragungen wird nur eine Person pro Haushalt befragt. Hierzu zählen ausschließlich diejenigen Personen über 14 Jahre, welche über das Zufallsverfahren des Computerprogramms ermittelt worden sind. Ist diese Person momentan nicht zu erreichen, wird ein neuer Termin vereinbart.

Die Größe der jeweiligen Stichprobe liegt bei jeder MA Radio bei circa 60.000. Wie eingangs erwähnt wurden bei der MA 2007 Radio II 64.504 Menschen befragt, bei der MA 2008 Radio I waren es 64.459.

9.4 Der Fragebogen

Das Abfragemodell in den Interviews bei der MA Radio sieht zunächst einer erinnerungsgestützte Abfrage von Sendernamen und Slogans vor. Um auch wirklich alle gehörten Sender zu erfassen, gibt es eine offene Abfrage nach weiteren Sendern. Diese erste Stufe in der Befragung wird auch als Generalfilter bezeichnet. Erst wenn der Hörfunksender dem Interviewer bekannt ist, geht es weiter zur nächsten Stufe.

Im so genannten Zeitfilter wird anschließend für alle „schon mal gehörten" Sender der Zeitraum des letzten Hörens ermittelt. In diesem Schritt wird der Zeitraum des letzten Hörens ermittelt. Die Aufteilung geschieht hier in ‚in den letzten 14 Tagen gehört', vor zwei bis vier Wochen gehört' oder ‚länger her'. Diejenigen Sender, die vom Interviewten innerhalb der letzten zwei Wochen vor dem Befragungstermin gehört worden sind, zählen zum Weitesten Hörerkreis (WHK). Diese Zuordnung der Sender zum Weitesten Hörerkreis bildet die Voraussetzung für die Frequenzabfrage. In der dritten Stufe wird nun jede Person aus dem weitesten Hörerkreis eines Senders nach der Frequenz befragt. Es wird ermittelt, an wie vielen Werktagen von Montag bis Samstag der Sender gehört wird. Diejenigen, die den Sender an mindestens vier von sechs Tagen hören, werden als Stammhörer bezeichnet. Die Personen, die einen Sender an nicht mehr als drei von sechs Tagen hören, gelten als Gelegenheitshörer. Im Anschluss an das dreistufige Abfragesystem der Radiosender folgen die Fragen zum Tagesablauf. Bei der Abfrage des Tagesablaufs wird von allen Befragten am Telefon für den jeweils gestrigen Tag in Viertelstundenintervallen für den Zeitraum von 5 bis 24 Uhr ermittelt, was zu einem bestimmten Zeitpunkt alles gemacht wurde. Das beinhaltet Tätigkeiten wie z.B. Essen, Autofahren, Einkaufen, sowie Haus- und Berufsarbeit. Neben der Radionutzung nach Einzelsendern wird auch die Nutzung der Komplementärmedien (z.B. Fernsehen und CDs hören) ermittelt. Die Auswertung der Informationen aus dem Tagesablauf ergibt, dass die Befragten durchschnittlich 1,5 Sender am Tag hören.

9.5 Auswertung und Verarbeitung der MA-Daten

Da die Stichprobe der MA Radio disproportional angelegt ist, entstehen zwischen den einzelnen Regionen in Deutschland Ungleichgewichte, die ausgeglichen werden müssen. Daher ist eine Gewichtung der Daten erforderlich, um Verzerrungen auszugleichen.

Der erste Schritt nennt sich Transformation. Die Transformation versucht die in der Anlage der Stichprobe enthaltenen Fehler durch Berechnung auszugleichen. Hierbei erhält jede Person ein Gewicht, das dem umgekehrten Wert seiner Auswahlchance entspricht. Ist die Fallzahl einer Region durch Aufstockungen zum Beispiel verdoppelt worden, erhält jede Person in diesem Gebiet das Gewicht 0,5. Mit der Transformation wird die Stichprobe proportionalisiert und von einer Haushaltsstichprobe in eine Personenstichprobe überführt.

Die zweite Stufe der Gewichtung wird Redressement genannt. Ziel der Stichprobe der MA Radio ist es, bei möglichst allen zufällig ausgewählten Rufnummern ein Interview zu erreichen, was aber praktisch nicht möglich ist. Außerdem könnte die befragte Person auch ein Interview verweigern, oder die gesamte Feldzeit über nicht zu erreichen sein. Aus diesem Grund benötigt man ein Verfahren, das ausgehend von den befragten Personen zu Aussagen auch über die nicht erreichten Personen und damit über die Grundgesamtheit führt. Durch das Redressement wird die Stichprobe in einigen relevanten Merkmalen an die Grundgesamtheit angeglichen.

Transformation und Redressement führen so zu einer amtlichen Statistik, die mit einem einheitlichen Faktor auf die Grundgesamtheit hochgerechnet werden kann.

9.6 Besonderheiten der MA Radio 2008/II

Die MA Radio 2008/II weist erstmals auch EU-Ausländer und Kinder im Alter von 10-13 Jahren aus, wodurch sich die Grundgesamtheit erhöht hat. Die neue Basis der MA-Berichte lautet ab sofort "Deutsche und EU-Ausländer ab 10 Jahren" (D + EU 10+). Auf diese Weise können die Hörerschaften von Radio noch genauer und vollständiger abgebildet werden als bisher. Aufgrund der unterschiedlichen Grundgesamtheiten bei Erhebung und Hochrechnung lassen Reichweitenveränderungen keine direkten Rückschlüsse auf Hörergewinne oder -verluste zu. Deshalb sind Vergleiche mit vorherigen MA-Ausweisen methodisch nicht zulässig. Trends lassen sich dennoch ableiten.

9.7 Kritik an der MA

Die MA Radio ist noch immer die wichtigste Währung bei der Vermarktung von Werbezeiten und gilt als Nachweis des Programmerfolgs eines Senders. Doch es gibt Kritik an der Richtigkeit und Präzision dieser Methode. Bei der Erhebung der Daten sind die Marktforscher allein auf das

Erinnerungsvermögen der Probanden angewiesen. Die Einschaltquoten werden nicht technisch gemessen, sondern basieren auf der Gedächtnisleistung der Befragten. Während die Nutzung des Fernsehens täglich aktuell elektronisch gemessen wird, ist das Radio auf Telefonumfragen angewiesen. Dabei müssen die Probanden, wie in Kapitel 9.4 beschrieben, in Viertelstundenabständen in einer Art fiktivem Tagesverlauf angeben, welchen Sender sie zu welcher Zeit am Vortag gehört haben. Dazu kommt, dass nicht nur Daten im Zusammenhang mit der direkten Radionutzung in den Telefoninterviews abgefragt werden, sondern auch nach anderen Tätigkeiten, wie etwa Auto fahren, Hausarbeit oder Essen gefragt wird. Realistisch betrachtet muss man davon ausgehen, dass sich die Interviewten nicht mehr detailliert an die Radionutzung vom Vortag erinnern. Die meisten Menschen hören Radio nur nebenbei und unterbewusst und machen sich keine Gedanken, welcher Sender gerade eingeschaltet ist. Sie rezipieren aus dem Kopf und erinnern sich nicht immer genau. Überspitzt kann man zusammenfassen, dass die interviewten Menschen nur unpräzise, wenn nicht sogar unwissentlich falsch auf die Fragen der Marktforscher antworten und somit die tatsächlichen Ergebnisse verfälschen. Die MA Radio ist zwar repräsentativ, aber eben auch keine Vollbefragung. Ein exaktes Abbild der Radionutzung aller Hörer ist somit auch nicht gegeben.

Weiterhin ist zu kritisieren, dass, wie in Kapitel 9.4 beschrieben, das Abfragemodell in den Interviews bei der MA Radio zunächst eine erinnerungsgestützte Abfrage von Sendernamen und Slogans vorsieht. Die Interviewten antworten also zu einem gewissen Teil nur passiv und nicht bewusst auf die Fragen der Marktforscher.

9.8 Die elektronische Medienanalyse in NRW (E.M.A. NRW)

Die E.M.A. NRW ist eine Reichweitenuntersuchung, deren Ergebnisse einen umfassenden Überblick über die Hörfunklandschaft in Nordrhein-Westfalen ermöglichen. Die Grundgesamtheit bildet die in NRW lebende deutschsprachige Bevölkerung in Privathaushalten ab 14 Jahren (meist entspricht dies ca. 13 Millionen Menschen). Die Befragung findet ganzjährig statt, unter Auslassung der Sommer- und Weihnachtsferien in NRW. Befragt werden im Jahr 28.000 Personen in zehn Wellen zu je 2.800 Interviews, die seit 1998 per CATI erhoben werden. Aufgrund der hohen Fallzahlen pro einzelne Welle lassen sich für NRW landesweite Tendenzen anhand der Reichweitenkennwerte ablesen. Die E.M.A.-Daten erscheinen analog zur bundesweiten MA einmal im Frühjahr und einmal im Herbst. Für die Radio NRW-angehörigen Lokalradios ist die E.M.A. der wichtigste

Indikator für den Erfolg des jeweiligen Programms auf lokaler Ebene. Die NRW-weite Erhebung ist für das jeweilige (kleine) Sendegebiet wesentlich präziser als die bundesweit erhobene MA.

10 Ergebnisse

Die Grundlage der in diesem Kapitel vorgestellten Ergebnisse bilden die von der Arbeitsgemeinschaft Media-Analyse erstellten Reichweitendaten für die Radionutzung beginnend bei der MA 2007/I, endend bei der MA 2008/II. Da, wie in Kapitel 9.6 beschrieben, die MA 2008/II aus methodischen Gründen nicht direkt mit den vorherigen Erhebungen vergleichbar ist, wird dieser Datensatz in den Abbildungen farblich unterschiedlich kenntlich gemacht. Die Basis aller verwendeten Daten bezieht sich jeweils auf die bundesweite Erhebung. Zusätzlich werden die speziell für Nordrhein-Westfalen erhobenen Daten der Elektronischen Medienanalyse NRW verwendet, um einzelne Ergebnisse zu verdeutlichen. Abweichungen von der jeweiligen Datenbasis werden ebenfalls gesondert kenntlich gemacht. Radio NRW hat nach der ersten großen Major Promotion der Sendergeschichte im Januar 2007 deutlich an Reichweite verloren. Der exakte Unterschied zwischen der MA 2007/I und der darauffolgenden MA 2007/II ergibt einen Rückgang der Tagesreichweite von 99.000 Hörern (-2,12%) in der Erhebung von Montag bis Freitag. Einen derartigen Rückgang der Quote bei Radio NRW hat es den Daten der MA zufolge das letzte Mal zwischen der Frühjahrs- und Herbstwelle 2005 gegeben. In diesem Zeitraum verlor der Sender 177.000 Hörer (-3,60%), die pro Tag Radio NRW einschalten. Zwischen der Herbstwelle 2005 und der Frühjahrswelle 2007 lag der maximale Verlust an Tagesreichweite bei 21.000 Hörern (MA 2006/I). Abbildung 6 zeigt die beobachtete Entwicklung bei Radio NRW nach der ersten großen Major Promotion des Senders:

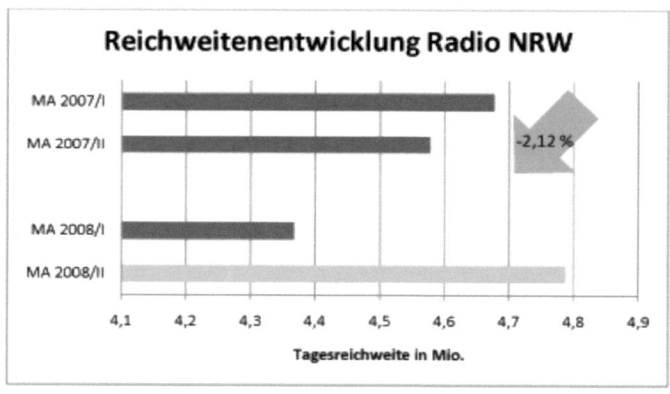

(*Quelle:* MA 2007/I – MA 2008/II. Eigene Darstellung.)

Abbildung 6: Reichweitenentwicklung Radio NRW

Fest steht also, dass das im Januar 2007 bei Radio NRW stark beworbene Telefon-Gewinnspiel „Das geheimnisvolle Geräusch" in der unmittelbar folgenden Media-Analyse nicht zu einer Steigerung der Tagesreichweite geführt hat. Der Rückgang der Quoten im betrachteten Zeitraum kann jedoch nicht ausschließlich mit dem Gewinnspiel begründet werden, da die Ergebnisse der Media-Analyse multikausal angelegt sind. Bei Antenne Bayern sind die Entwicklungen ähnlich, wie Abbildung 7 zeigt:

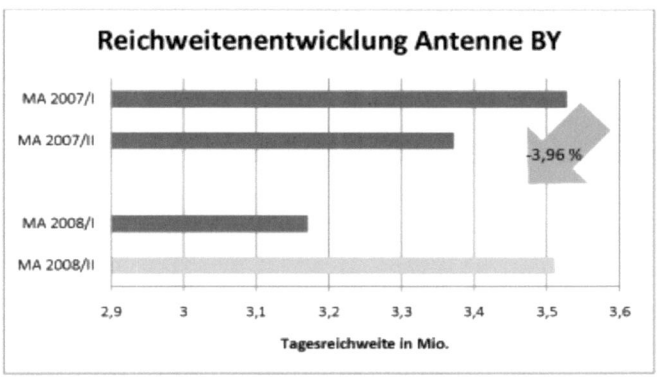

(*Quelle:* MA 2007/I – MA 2008/II. Eigene Darstellung.)

Abbildung 7: Reichweitenentwicklung Antenne BY

Antenne Bayern verliert innerhalb von zwei Erhebungswellen (MA 2007/I und MA 2007/II) absolut 139.000 Hörer (-3,96%) pro Tag. Diesem Reichweitenrückgang vorausgegangen ist das Gewinnspiel „100.000 Euro Hits", das von Januar bis März 2007 veranstaltet wurde. Seit der Frühjahrswelle 2005 hat Antenne Bayern nicht mehr so viel an Tagesreichweite verloren. Nur zwischen der Herbsterhebung 2006 und der Frühjahrserhebung 2007 gab es überhaupt einen Rückgang bei der Tagesreichweite (-29.000 Hörer bzw. -0,82%).

Ein Zusammenhang dieser Entwicklung mit der kostenpflichtigen Major Promotion ist möglich, aber nicht eindeutig feststellbar. Separat zu den Auswirkungen nach den Telefon-Gewinnspielen beider Sender zum Jahresbeginn/Frühjahr 2007 ist auch die Entwicklung der Reichweiten nach den groß angelegten Gewinnspielen Anfang 2008 zu analysieren. Wie in Kapitel 9.6 beschrieben, basiert die MA 2008/II auf einer anderen (größeren) Grundgesamtheit als die vorherigen Media-Analysen und ist daher aus methodischen Gründen nicht vergleichbar. Abbildung 8 zeigt daher nur bedingt vergleichbare Trends auf:

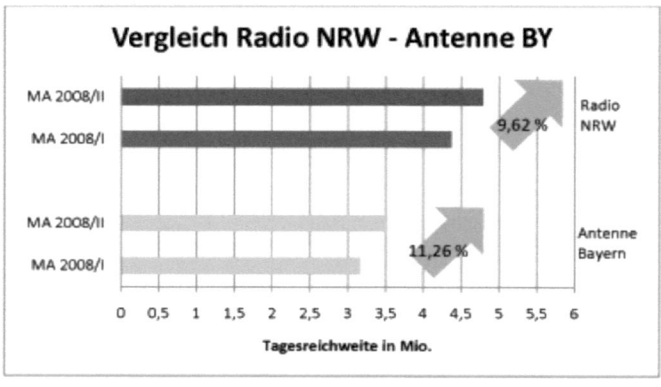

(*Quelle:* MA 2008/I – MA 2008/II. Eigene Darstellung.)

Abbildung 8: Vergleich Radio NRW – Antenne BY

Radio NRW kommt nach der neuesten MA auf eine Tagesreichweite von 4,788 Millionen Hörern, Antenne Bayern hören 3,528 Menschen pro Tag von Montag bis Freitag. Ungeachtet der methodischen Unzulässigkeiten steht fest, dass das bei Antenne Bayern veranstaltete Gewinnspiel „Cash Call" zwar massiv im Programm beworben wurde, für die Hörer aber keine mehrwertpflichtigen Anrufkosten bei einer Teilnahme am Gewinnspiel anfielen. Dies könnte ein Indiz dafür sein, warum Antenne Bayern seine Tagesreichweite um 11,26% gegenüber der MA 2008/I steigert (Radio NRW: + 9,62%).

Auch über die erste direkt auf eine Major Promotion folgende Media-Analyse hinaus sind Reichweitenentwicklungen und Konsequenzen erkennbar. Radio NRW verliert zwischen der MA 2007/II und der MA 2008/I weitere 210.000 Hörer (-4,60%) am Tag. So viele Hörer hat Radio NRW noch nie zwischen nur einer Erhebungswelle verloren. Abbildung 9 verdeutlicht die negativen Entwicklungen noch einmal graphisch:

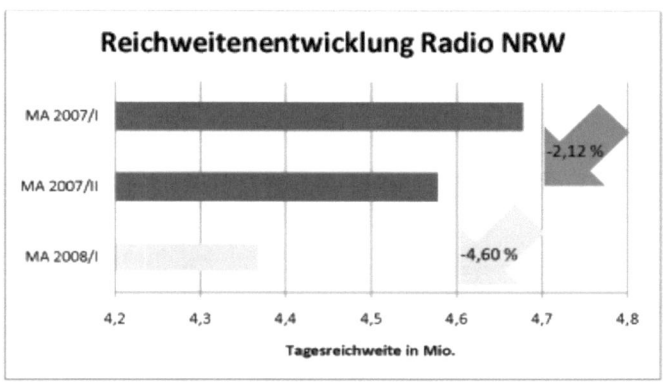

(*Quelle:* MA 2007/I – MA 2008/I. Eigene Darstellung.)

Abbildung 9: Reichweitenentwicklung Radio NRW

Radio NRW verliert also auch in der zweiten auf das Gewinnspiel „Das geheimnisvolle Geräusch" Media-Analyse an Reichweite. Dies erfolgt zudem in einem noch stärkeren Ausmaß als zuvor. Ein Zusammenhang mit dem besagten Gewinnspiel kann nicht eindeutig festgestellt werden, liegt aber nahe, da jene Major Promotion die erste dieser Art bei Radio NRW war und der Sender gleichzeitig noch nie so viele Hörer verloren hat wie in der Konsequenz dieser Major Promotion. Die Media-Analysen 2007/II und 2008/I belegen einen ähnlich deutlichen Rückgang der Tagesreichweite bei Antenne Bayern. Der landesweite Privatsender aus Ismaning verliert bei der MA 2008/I weitere 201.000 Hörer gegenüber der Erhebung MA 2007/II. Insgesamt hören ein Jahr nach dem Gewinnspiel „Cash Call" 340.000 Menschen weniger Antenne Bayern als zuvor, was Abbildung 10 verdeutlicht:

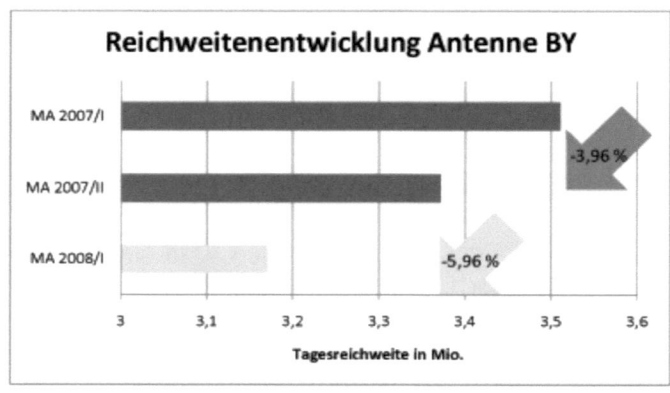

(*Quelle:* MA 2007/I – MA 2008/I. Eigene Darstellung.)

Abbildung 10: Reichweitenentwicklung Antenne BY

Der Reichweitenrückgang von insgesamt 340.000 Hörern spiegelt sich auch im prozentualen Anteil der Hörer gestern wieder: Während zur MA 2007/I bundesweit 5,4% Antenne Bayern hörten, sind es zur MA 2008/I nur noch 4,9%. Die öffentlich-rechtliche Konkurrenz in Bayern kann in dem Zeitraum nicht an Reichweite zulegen. Allerdings verlieren die fünf Programme des Bayerischen Rundfunks prozentual weniger Hörer gestern als Antenne Bayern. Bayern 3 als – am Format und an der Zielgruppe verglichen – direktes öffentlich-rechtliches Konkurrenzprogramm zu Antenne Bayern kann hingegen leicht um 0,1% Hörer gestern hinzugewinnen. Dennoch erreicht Antenne Bayern bei der Tagesreichweite immer noch gut eine Million Hörer mehr zwischen Montag und Freitag (Antenne BY MA 2008/I: 3,171 Mio.; Bayern 3 MA 2008/I: 2,11 Mio.). Die folgende Abbildung skizziert die geringen Verschiebungen auch optisch: (*Quelle:* MA 2007/I – MA 2008/II. Eigene Darstellung.)

43

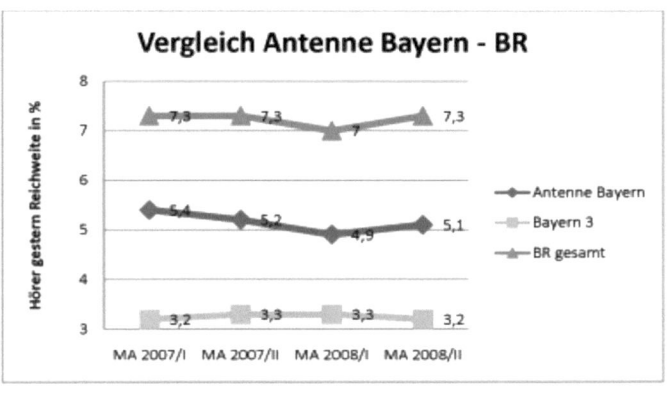

(*Quelle:* MA 2007/I – MA 2008/II. Eigene Darstellung.)

Abbildung 11: Vergleich Antenne Bayern – BR

In Nordrhein-Westfalen führt die Analyse der Reichweitenerhebungen zu ähnlichen Ergebnissen. Demnach steigt die Reichweite aller Radioprogramme des Westdeutschen Rundfunks zwischen der Frühjahrswelle 2007 und der 2008 um 0,1% bezogen auf den gesamtdeutschen Radiomarkt. Der direkte öffentlich-rechtliche Konkurrent zu Radio NRW, WDR 2, verliert hingegen prozentual genau so viele Hörer gestern wie Radio NRW, nämlich 0,5%. Diese Entwicklung deutet darauf hin, dass andere WDR-Sender deutlich hinzugewonnen haben. Insbesondere der einstige Jugendsender 1Live kann zulegen und steigert seine Reichweite um 0,3% auf 4,2% Hörer gestern. Trotz der deutlichen Verluste bleibt Radio NRW auch nach dem Telefon-Gewinnspiel „Das geheimnisvolle Geräusch" meistgehörter Sender in Nordrhein-Westfalen. Mit einer Tagesreichweite von 4,368 Millionen Hörern (MA 2008/I) liegt Radio NRW deutlich vor dem meistgehörten WDR-Programm 1Live (2,72 Mio.). Abbildung 12 fasst die Ergebnisse zusammen:

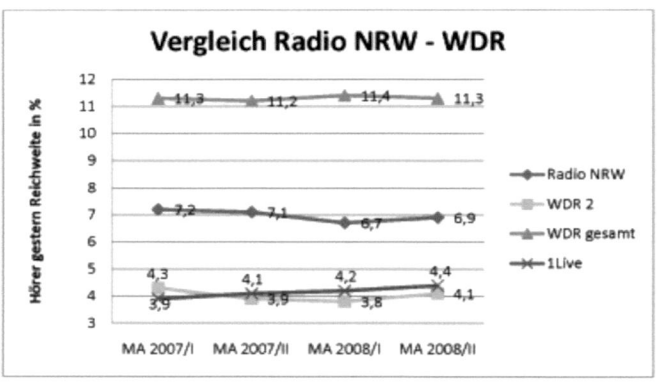

(*Quelle:* MA 2007/I – MA 2008/II. Eigene Darstellung.)

Abbildung 12: Vergleich Radio NRW – WDR

Im direkten Vergleich der Reichweitenentwicklungen zwischen Radio NRW und Antenne Bayern nach den jeweiligen Major Promotions im Frühjahr 2007 zeigt sich, dass Antenne Bayern insgesamt mehr Hörer verliert als Radio NRW. Zwischen der MA 2007/I und der Erhebung 2008/I sinkt die Tagesreichweite bei Antenne Bayern um 340.000 Hörer. Radio NRW verzeichnet im selben Zeitraum einen Rückgang von „nur" 309.000 Hörern, wie Abbildung 13 verdeutlicht:

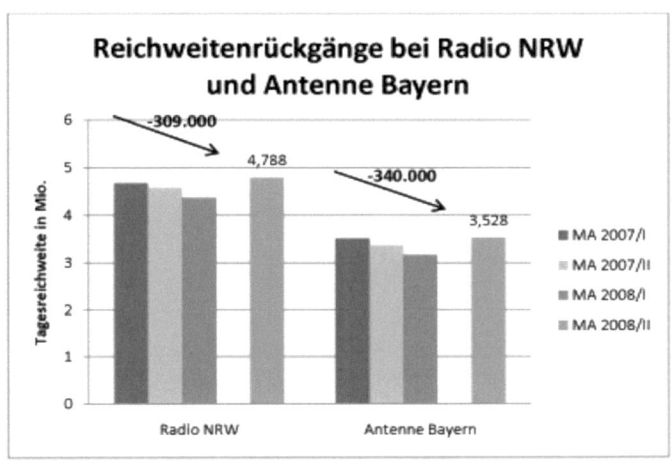

(*Quelle:* MA 2007/I – MA 2008/II. Eigene Darstellung.)

Abbildung 13: Reichweitenrückgänge bei Radio NRW und Antenne Bayern

Prozentual gesehen verhalten sich die Reichweitenverluste bei beiden Sendern jedoch identisch: Während Antenne Bayern zur MA 2007/I noch von 5,4% aller Radiohörer über 14 Jahren in Deutschland eingeschaltet wurde, sind es bei der MA 2008/I noch 4,9% Hörer gestern. Dieser Rückgang um 0,5% ist auch bei Radio NRW zu beobachten, wenn auch auf einem höheren Quotenniveau (7,2% zu 6,7%). Anhand dieser Daten kann also keine negative Reichweitenentwicklung von Radio NRW gegenüber Antenne Bayern festgestellt werden, vielmehr verlieren beide Sender nahezu gleich viele Hörer. Bei den zu Radio NRW gehörenden Lokalradios können hingegen deutliche Unterschiede bei den Reichweitenentwicklungen nach der Major Promotion „Das geheimnisvolle Geräusch" im Januar 2007 festgestellt werden. NRW-Lokalradios, die am Tag acht Stunden eigenproduziertes Programm senden, verlieren im Zeitraum der E.M.A. NRW 2007/I und 2008/I weniger Hörer als Lokalradios, die nur fünf Stunden eigenproduziertes Lokalprogramm verbreiten. Das ist das Ergebnis eines Vergleichs von insgesamt acht zufällig ausgewählten NRW-Lokalradios, von denen je vier ein acht- bzw. fünfstündiges Lokalprogramm produzieren. Die folgenden zwei Tabellen stellen die jeweiligen Ergebnisse genauer dar:

Reichweitenentwicklungen bei NRW-Lokalradios mit acht Stunden eigenproduziertem Lokalprogramm*

Sender	98,5 Radio Bochum	Radio Lippe	Antenne Düsseldorf	Radio Köln
E.M.A. NRW 2007/I	28,4	23,0	29,6	20,7
E.M.A. NRW 2007/II	31,8	27,0	29,2	22,7
E.M.A. NRW 2008/I	32,6	27,7	29,7	25,8
Entwicklung gesamt	**+4,2**	**+4,7**	**+0,1**	**+5,1**

(*Quelle:* E.M.A. NRW 2007/I – E.M.A. NRW 2008/II. Angaben in Prozent. Eigene Darstellung.)

*vgl. Tab.2

Tabelle 8: Reichweitenentwicklung bei NRW-Lokalradios mit acht Stunden eigenproduziertem Lokalprogramm

Reichweitenentwicklungen bei NRW-Lokalradios mit fünf Stunden eigenproduziertem Lokalprogramm*

Sender	Radio RSG	Radio 90,1	Radio Berg	Radio LW Hamm
E.M.A. NRW 2007/I	39,1	32,3	29,7	48,1
E.M.A. NRW 2007/II	35,1	27,1	28,6	46,3
E.M.A. NRW 2008/I	33,0	27,4	27,3	45,7
Entwicklung gesamt	**-6,1**	**-4,9**	**-2,4**	**-8,1**

(*Quelle:* E.M.A. NRW 2007/I – E.M.A. NRW 2008/II. Angaben in Prozent. Eigene Darstellung.)

*vgl. Tab.2

Tabelle 9: Reichweitenentwicklung bei NRW-Lokalradios mit fünf Stunden eigenproduziertem Lokalprogramm

Während bei den vier ausgewählten NRW-Lokalradios, die acht Stunden am Tag ein eigenes Lokalprogramm senden, die Reichweitenentwicklung in Folge der ersten Radio NRW-Major Promotion Anfang 2007 positiv verläuft, verlieren die Sender, die nur bis zu fünf Stunden ihr eigenes Lokalprogramm senden, im gleichen Zeitraum deutlich an Reichweite. Von diesen Ergebnissen lässt sich also ableiten, dass die Dauer des eigenproduzierten Lokalprogramms der einzelnen Sender einen wichtigen Faktor für die Reichweitenentwicklung darstellt. Dennoch muss berücksichtigt werden, dass dieses Ergebnis nur eine Tendenz darstellt, da insgesamt nur acht der 45 NRW-Lokalradios in dieser Analyse berücksichtigt wurden. Aufgrund der Tatsache, dass es den NRW-Lokalradios während der Gewinnspielphase einer Major Promotion in ihrem eigenproduzierten Programm freisteht, in welchem Umfang sie das Gewinnspiel von Radio NRW übernehmen, ist die beschriebene Entwicklung ein weiteres Indiz dafür, dass unmittelbare Zusammenhänge zwischen positiver bzw. negativer Reichweitenentwicklung in Abhängigkeit der Dauer des eigenproduzierten Lokalprogramms bestehen. Ein weiteres Ergebnis dieser Arbeit ist, dass die Höhe des größten Einzelgewinns bei einer Major Promotion nicht entscheidend für die Reichweitenentwicklung nach dem jeweiligen Telefon-Gewinnspiel ist. Tabelle 10 zeigt, dass Antenne Bayern 100.000 Euro bei seiner Frühjahrs-Promotion 2007 auslost, aber mehr Hörer verliert als Radio NRW, das seinerseits einen maximalen Einzelgewinn von 37.900 Euro während des Gewinnspielzeitraums auslobt:

Gegenüberstellung Major Promotions Frühjahrswelle 2007		
Sender	Antenne Bayern	Radio NRW
Gewinnspielname	100.000 Euro Hits	Das geheimnisvolle Geräusch
Höchster Einzelgewinn	100.000 Euro	37.900 Euro
Reichweite vor Major Promotion	3,511	4,677
Reichweite nach Major Promotion	3,372	4,578
Veränderung	**-139.000**	**-99.000**

(*Quelle*: MA 2007/I – MA 2007/II. Tagesreichweite Mo-Fr. Eigene Darstellung.)

Tabelle 10: Gegenüberstellung Major Promotions Frühjahrswelle 2007

Dieser Trend setzt sich auch nach den Major Promotions beider Sender Anfang 2008 fort. Unter Berücksichtigung der veränderten Grundgesamtheit bei der MA 2008/II bleibt festzuhalten, dass auch hier Antenne Bayern einen größeren Einzelgewinn als Radio NRW verspielt, aber dennoch weniger Hörer hinzu gewinnt:

Gegenüberstellung Major Promotions Frühjahrswelle 2008		
Sender	Antenne Bayern	Radio NRW
Gewinnspielname	Cash-Call	100.000 für 10
Höchster Einzelgewinn	55.505 Euro	20.000 Euro
Reichweite vor Major Promotion	3,171	4,368
Reichweite nach Major Promotion	3,528*	4,788*
Veränderung	**+357.000**	**+420.000**

(*Quelle*: MA 2008/I – MA 2008/II. Tagesreichweite Mo-Fr. Eigene Darstellung.)

*erweiterte Grundgesamtheit bei der MA 2008/II muss berücksichtigt werden.

Tabelle 11: Gegenüberstellung Major Promotions Frühjahrswelle 2008

Auch bei diesen Ergebnissen muss beachtet werden, dass die Veränderungen der Tagesreichweite multikausal sind und nicht ausschließlich mit der Konsequenz der jeweiligen Major Promotion zu begründen sind.

11 Hypothesenprüfung

In diesem Kapitel werden die Hypothesen (s. Kapitel 8) auf ihre Richtigkeit geprüft. Dabei wird Bezug auf die im achten Abschnitt vorgestellten Ergebnisse genommen. Der Einfachheit halber werden die Hypothesen vor ihrer Prüfung noch einmal genannt:

Hypothese 1: Telefon-Gewinnspiele mit kostenpflichtigen Mehrwert-Rufnummern führen mittelfristig, also in der unmittelbar auf das Gewinnspiel folgenden Media-Analyse, zu einer Steigerung der Tagesreichweite.

Es wurde angenommen, dass aufgrund hoher Gewinnmöglichkeiten, aufwändiger Gewinnspieldesigns und des großen Vertrauens der Hörer zum Moderator kostenpflichtige Telefon-Gewinnspiele die Reichweite unmittelbar steigern. Die Ergebnisse zeigen, dass beide Untersuchungsobjekte (Radio NRW, Antenne Bayern) jedoch Hörer verlieren. Allerdings kommt bei der Betrachtung von früheren Reichweitenentwicklungen bei Antenne Bayern heraus, dass Telefon-Gewinnspiele durchaus „Quotensprünge" auslösen können. Bei Radio NRW fehlt diesbezüglich die Vergleichbarkeit, da sich die Ergebnisse nur auf die bisher einzig veranstaltete Major Promotion beziehen. Daher kann die Hypothese durch die untersuchten Daten nicht bestätigt werden und wird falsifiziert.

Hypothese 2: Telefon-Gewinnspiele mit kostenpflichtigen Mehrwert-Rufnummern führen, ab der zweiten auf das Gewinnspiel folgenden Media-Analyse, zu einem Rückgang der Tagesreichweite.

Aufgrund von hohen Anrufpreisen und programmfüllend beworbenen Telefon-Gewinnspielen wurde vermutet, dass die Geduld der Hörer langfristig nachlässt und Radio NRW bzw. Antenne Bayern in der Folge einer Major Promotion weniger gehört werden. Die Analyse der Reichweitenentwicklung beider Untersuchungsobjekte hat ergeben, dass die Tagesreichweite ab der zweiten auf das Gewinnspiel folgenden Media-Analyse tatsächlich zurückgeht. Allerdings ist auch festgestellt worden, dass dieser Rückgang nicht erst ab der zweiten auf das Gewinnspiel folgenden Media-Analyse zu einem Rückgang führen muss, sondern auch schon vorher. Trotz dieser zusätzlichen Erkenntnis gibt es konkrete Hinweise dafür, dass die Hypothese wahr ist, sie wird also bestätigt.

Hypothese 3: Öffentlich-rechtliche Sender profitieren von den Telefon-Gewinnspielen der landesweiten Privatsender insofern, dass sie Hörer dazu gewinnen, die die Privaten verlieren.

Angenommen wurde, dass die Alternative zu Radio NRW und Antenne Bayern im jeweiligen Bundesland die öffentlich-rechtlichen Sender des WDR bzw. BR darstellen. In Nordrhein-Westfalen konnten alle Sender des WDR insgesamt leicht zulegen, während Radio NRW verlor. In Bayern ging sowohl bei Antenne Bayern als auch bei den Sendern des BR die Reichweite zurück. Allerdings war die negative Reichweitenentwicklung bei den BR-Sendern nicht so stark ausgeprägt, wie bei Antenne Bayern. Einzelne öffentlich-rechtliche Sender in NRW und Bayern konnten hingegen zulegen. Daher kann die Hypothese bezogen auf die Situation in Nordrhein-Westfalen verifiziert werden. Für Bayern trifft dies nicht zu. Also muss die getroffene Aussage insgesamt falsifiziert werden.

Hypothese 4: Radio NRW verliert aufgrund seiner Struktur als Rahmenprogrammanbieter mit 45 angeschlossenen Lokalradios absolut mehr Hörer durch Major Promotions als Antenne Bayern.

Die Hörer von Lokalradios weisen eine größere Nähe zu ihrem Sender auf als die, die landesweite Sender einschalten. Deshalb wurde angenommen, dass Radio NRW, das im Gegensatz zu Antenne Bayern in 45 Lokalradios aufgeteilt ist, mehr Hörer verliert als Antenne Bayern. Die Ergebnisse haben gezeigt, dass das nicht der Fall ist. Antenne Bayern verliert absolut gesehen mehr Hörer im analysierten Zeitraum als die NRW-Lokalradios zusammen. Relativ gesehen verhalten sich die Reichweitenentwicklungen beider Sender im beobachteten Zeitraum identisch. Trotzdem kann die Hypothese nicht bestätigt werden und wird daher falsifiziert.

Hypothese 5: Radio NRW-angehörige Lokalsender verlieren in der Folge von Major Promotions weniger Hörer, je mehr eigenproduziertes Lokalprogramm sie senden.

Den NRW-Lokalradios steht frei, wie viel Programm sie vom Mantelprogramm von Radio NRW am Tag übernehmen. Die jeweiligen Lokalsender können also auch während einer Major Promotion entscheiden, in welchem Umfang sie das landesweit ausgestrahlte Programm lokal verbreiten. Daher wurde vermutet, dass Lokalradios, die mehr eigenproduziertes Lokalprogramm während einer landesweiten Major Promotion senden, positivere Reichweitenentwicklungen verbuchen können als Lokalradios, die in einem geringeren Umfang ein eigenes Lokalprogramm produzieren. Die Ergebnisse der Analyse zeigen, dass keines der vier zufällig ausgewählten NRW-Lokalradios, die ein achtstündiges eigenproduziertes Lokalprogramm verbreiten, durch die landesweite Major Promotion an Reichweite verlieren. Dem gegenüber verlieren die vier zufällig ausgewählten NRW-Lokalradios mit nur fünf Stunden Lokalprogramm teils deutlich an Reichweite. Im Rahmen der zufällig ausgewählten Lokalradios kann die Hypothese also verifiziert werden.

Hypothese 6: **Je größer der höchste Einzelgewinn bei einem Telefon-Gewinnspiel ist, desto positiver sind die Konsequenzen für den jeweiligen Sender direkt nach der Major Promotion.**

Angenommen wurde, dass ein höherer Einzelgewinn zu besseren Quoten nach einer Major Promotion führt. Gewinnspiele mit einer sogenannten Jackpot-Mechanik lassen die Anruferzahlen steigen. Ferner wurde vermutet, dass besonders hohe Einzelgewinne, die andere Hörer „on Air" kassieren, zu einer positiven Reichweitenentwicklungen bei beiden Untersuchungsobjekten führen. Die Ergebnisse in dieser Arbeit bestätigen das nicht. Ein hoher Einzelgewinn führt nach der Analyse der MA-Daten nicht zwingend zu positiveren Konsequenzen. Daher ist die Hypothese zu falsifizieren.

12 Schlussbetrachtung

Diese Arbeit sollte Aufschluss darüber geben, ob Telefon-Gewinnspiele im Radio als Erfolgsstrategie angesehen werden können, oder ob diese Praxis eher als Imagekiller für die jeweiligen Sender bezeichnet werden muss. Die Frage nach dem Erfolg von Major Promotions kann resümierend nur unter Berücksichtigung zweier Perspektiven beantwortet werden: Aus finanzieller Sicht sind Telefon-Gewinnspiele mit kostenpflichtigen Mehrwert-Rufnummern für die Sender in jedem Fall ein Erfolg. Diese Arbeit hat aufgezeigt, dass Verluste von Werbeeinahmen durch die Gewinnspiele aufgefangen werden können. Verschiedene Studien zeigen, dass mit einem weiteren Zuwachs der Gewinnspielteilnahme, also auch mit steigenden Erlösen, zu rechnen ist.

Bezogen auf die Reichweitenentwicklungen der beiden in dieser Arbeit verglichenen Sender, Antenne Bayern und Radio NRW, kann man in der Konsequenz von Telefon-Gewinnspielen jedoch keinesfalls von einer Erfolgsstrategie sprechen. Sowohl kurz- als auch mittelfristig geht die Reichweite nach einer Major Promotion zurück. An dieser Stelle muss zwischen den beiden Sendern jedoch genauer differenziert werden. Radio NRW hat 2007 und 2008 erstmals Major Promotions durchgeführt für die in diesem Zeitraum ausschließlich negative Reichweitenentwicklungen festgestellt werden können. Antenne Bayern hingegen blickt auf eine lange und teilweise erfolgreiche „Tradition" von Major Promotions zurück. So konnte Antenne Bayern beispielsweise 2006 einen Zugewinn von 417.000 Hörern gestern innerhalb eines Jahres verzeichnen. Die aktuellen Entwicklungen weisen jedoch auch für Antenne Bayern einen Rückgang der Reichweite aus. Auch ein Blick auf die in dieser Arbeit vernachlässigte Entwicklung der Hördauer zeigt keine Steigerung in Folge einer Major Promotion bei Antenne Bayern.

Die Ergebnisse dieser Arbeit und die bisherigen Erfahrungen lassen darauf schließen, dass Major Promotions zumindest nicht zwangsläufig mit Negativ-Effekten für das Senderimage und die Programmwahrnehmung verbunden sind. Ein Grund dafür ist möglicherweise ein gewisser Gewöhnungseffekt bei den Hörern. Massiv beworbene Telefon-Gewinnspiele im Radio gehören zum Alltag vieler Privatradios, wie bereits in der Einleitung erwähnt. Ein weiteres Indiz dafür, dass das Image der Sender nicht zwangsläufig leidet, zeigt ein Blick auf die Teilnehmerzahlen von Major Promotions: Nach wie vor rufen sehr viele Hörer die kostenpflichtigen Gewinnspiel-Hotlines an und suggerieren so nicht das Gefühl, sich „abgezockt" zu fühlen. Wider der Hypothese verlieren auch die Lokalsender von

Radio NRW trotz ihrer großen Hörernähe nicht mehr Hörer als ein landesweiter Sender wie Antenne Bayern.

Insgesamt lässt sich dennoch festhalten, dass für die Generierung von Reichweite ein journalistisch hochwertiges und abwechslungsreiches Programm ohne programmfüllende Major Promotions ausreicht. Das zeigen zum einen die öffentlich-rechtlichen Sender des WDR und BR, die im beobachteten Zeitraum weitestgehend konstant die Quote halten und dabei ohne Telefon-Gewinnspiele auskommen. Zum anderen hat diese Arbeit ergeben, dass die Lokalsender von Radio NRW, die auf einen größeren Anteil eigenproduziertes Lokalprogramm setzen, mehr Hörer an sich binden als die Lokalstationen, die mehr vom Mantelprogramm übernehmen.

Analog dazu hat die Arbeitsgemeinschaft der Landesmedienanstalten (ALM) eine Handreichung für die Veranstaltung von Hörfunkgewinnspielen herausgebracht. Diese dient dazu, „die Selbstkontrolle von Hörfunkveranstaltern zu fördern und für die Zuhörerschaft in wesentlichen Punkten Transparenz zu schaffen, soweit diese nicht ohnehin schon durch die Hörfunkveranstalter gewährleistet wird. Sie soll einen grundsätzlichen Rahmen aufzeigen, in dem sich die Hörfunkveranstalter bewegen können, ohne sich dem Risiko einer Beanstandung durch die jeweils aufsichtsführende Landesmedienanstalt auszusetzen" (ALM, 2008).

Was das Gewinnspiel-Design der jeweiligen Major Promotion angeht, kann festgehalten werden, dass die Höhe des Gewinns für die Hörer nicht entscheidend ist. Somit können die Radiosender bei zukünftigen Major Promotions auch auf kleinere Geldgewinne setzen, um Aufmerksamkeit zu erzeugen. Der Gewinn auf Senderseite ließe sich so zudem weiter steigern, da die Schere zwischen Gewinnausschüttung und den Einnahmen aus den Telefon-Hotlines größer werden würde.

Um die exakten Auswirkungen von Telefon-Gewinnspielen auf die Reichweitenentwicklung der Sender messen zu können, ist klar geworden, dass die MA diese Frage nicht präzise beantworten kann. Dies liegt vor allem daran, dass Reichweitenentwicklungen meist multikausal sind und in diesem Fall nicht ausschließlich mit den Auswirkungen von Telefongewinnspielen zusammenhängen müssen. Die MA ist für derart spezielle Erhebungen nicht ausgelegt, die Methodik ist nicht differenziert genug und vor allem ausschließlich auf die Erinnerung der Probanden gestützt. In der Schweiz wird die Radionutzung seit einigen Jahren mit speziellen Uhren gemessen und ist somit unabhängig vom Erinnerungsvermögen der Probanden. Die sogenannte Radiocontrol-Uhr misst mithilfe eines eingebauten Mikrofons einmal pro Minute vier Sekunden lang alle Umgebungsgeräusche und speichert diese. In einer Datenzentrale werden die Aufnahmen der Uhren mit den erfassten Aufnahmen aller in der Schweiz empfangbaren Radioprogramme verglichen. Somit lässt sich exakt identifizieren, welcher Sender zu welcher Zeit gehört wurde. Dieses System würde auch in Deutschland zu wesentlich exakteren Radionutzungsdaten führen und somit auch präziser die Auswirkungen von Major Promotions beschreiben.

Diese Arbeit sollte einen ersten groben Überblick über die Zusammenhänge und Auswirkungen von Major Promotions im Radio geben. Der bewusst kurz gewählte Beobachtungszeitraum und der Vergleich von nur zwei Radiosendern geben den Anstoß für weitere und intensivere Forschungen in diesem Bereich. Eine langfristige Beobachtung und Analyse der Radiolandschaft in Bezug auf Major Promotions bleibt unabdingbar. Schlussfolgernd bleibt festzuhalten, dass das Kernziel von Call Media-Angeboten, wie eben Major Promotions, nämlich die Generierung von Reichweite in der unmittelbaren Folge eines Telefon-Gewinnspiels, nicht erreicht wurde. Dennoch sind derartige Programmaktionen langfristig nicht mehr aus dem Privatradio wegzudenken. Die Hörer-Bindung muss aber immer die höchste Priorität genießen, da sonst die Werbefinanzierung untergraben werden würde. Ziel der Sender muss es also sein, attraktive interaktive Dienste anzubieten, bei denen die Hörer das Programm mitbestimmen und gestalten können.

Literaturverzeichnis

ARD-Werbung Sales & Services GmbH (Hrsg.). (2007). Daten zur Mediensituation in der Bundesrepublik Deutschland. Basisdaten 2007. In: *Media Perspektiven*.

Arbeitsgemeinschaft der Landesmedienanstalten (ALM). (2008). *Handreichung der Landesmedienanstalten für die Veranstaltung von Hörfunkgewinnspielen*. Abgerufen am 16. September 2008 von

http://www.alm.de/fileadmin/Download/HoerfunkgewinnspieleHand rei-chung150108.pdf

ARD-Werbung Sales & Services GmbH (Hrsg.). (2003). Die Media-Analyse Radio – Eine Methodenbeschreibung.

Bakenhus, N. (1996). *Das Lokalradio. Ein Praxis-Handbuch für den lokalen und regionalen Hörfunk.* Konstanz: UVK.

Bayerische Landeszentrale für neue Medien (BLM). (2008). *BLM - UKW lokal*. Abgerufen am 4. Juni 2008 von
http://www.blm.de/inter/de/pub/radio___tv/radioprogramme/ukw_lokal.cfm

Dienstleistungsgesellschaft für Bayerische Lokal-Radio-Programme mbH & Co. KG (BLR). (2008). BLR -Wir über uns. Abgerufen am 4. Juni 2008 von:
http://www.blr.de/?NAV_ID=1&RUBRIK_ID=22&P_ID=1

Donges, P. & Steinwärder, P. (1998). *Entwicklung des Zwei-Säulen-Modells. Eine interdisziplinäre Untersuchung des lokalen Hörfunks in Nordrhein-Westfalen.* Opladen: Leske + Budrich.

Goldhammer, K., & Lessig, M. (2005). *Call Media - Mehrwertdienste in TV und Hörfunk* (Bd. 79). (BLM, Hrsg.) München: Reinhard Fischer.

Jennemann, D. (2003). *Angebot und Nutzung der Sportberichterstattung im Hörfunk am Beispiel von Radio Köln*. Diplomarbeit, Deutsche Sporthochschule, Köln.

Klingler, W., & Müller, D. K. (2007). Radio behauptet seine Position im Wettbewerb. In: *Media Perspektiven*, Nr.9/2007, S. 461-471.

Kurp, M. (1994). *Lokale Medien und kommunale Eliten. Partizipatorische Potentiale des Lokaljournalismus bei Printmedien und Hörfunk in Nordrhein-Westfalen.* Opladen: Westdeutscher Verlag.

Landesanstalt für Medien NRW (LfM). (2008). *Hörfunk – Bürgerfunk – Eckdaten zur Entwicklung.* Abgerufen am 6. Mai 2008 von http://lfm-nrw.de/hoerfunk/buergerfunk/eckdatfunk.php3#Bürgerfunksendezeiten

MS Medienbüro Köln GmbH & Co. KG (Hrsg.). (2007-2008). E.M.A. NRW 2007/I – E.M.A. NRW 2008/II. Köln.

Nielsen Media Research. (Hrsg.). (2008). Analyse des deutschen Brutto-Werbemarktes 2007. Hamburg.

Pape, M. & Samland, D. (Hrsg.). (1988). *Medienhandbuch. Die Privaten. Privater Hörfunk/Privates Fernsehen.* Neuwied.

Paukens, H. & Wienken, U. (Hrsg.). (2005). *Handbuch Lokalradio. Auf Augenhöhe mit dem Hörer.* München: Reinhard Fischer.

Prodoehl, H. G. (1987). Organisationsprobleme des lokalen Rundfunks. Das "Zwei-Säulen-Modell" im nordrhein-westfälischen Landesrundfunkgesetz.In: *Media Perspektiven*, Nr.4/1987, S.229-238.

radio NRW. (2008). *radio NRW - Das Unternehmen.* Abgerufen am 6. Mai 2008 von http://www.radionrw.de/index.php?dest=1&subD=11&cont=11

Rundfunkgesetz für das Land Nordrhein-Westfalen vom 24. August 1995, zuletzt geändert durch Gesetz vom 10.02.1998 i.d.F. vom 24.08.1995

Schaffrath, M. (1996). *Sport on Air: Studie zur Sportberichterstattung öffentlich-rechtlicher und privater Radiosender in Deutschland.* Berlin: VISTAS Verlag.

Seibel-Müller, I. (2007). Hoerfunker.de. In: Bundeszentrale für politische Bildung (Hrsg.). *Bayerisches Duell.* Bonn.

Steinmann, H., & Schreyögg, G. (2005). *Management - Grundlagen der Unternehmensführung.* Wiesbaden: Gabler.

Stümpert, H. (2005). *Ist das Radio noch zu retten?* Berlin: uni-edition.

Anhang

Pressemitteilungen Radio NRW / Antenne Bayern:

"DAS GEHEIMNISVOLLE GERÄUSCH" - ein Wintermärchen

Bisher erfolgreichstes Gewinnspiel der NRW-Lokalradios endet am heutigen Samstag

Oberhausen, 3. Februar 2007: Seit Jahresbeginn haben die Hörer der NRW-Lokalradios gerätselt. Heimlich aus Hinterzimmern angerufen, sich gegenseitig Geräusche vorgespielt, mit Nachbarn und Freunden über die ganz, ganz sicher richtige Lösung gestritten. Nun ist es vorbei! Das Raten hat ein Ende!

Mit dem heutigen Tag endet "DAS GEHEIMNISVOLLE GERÄUSCH" bei den NRW-Lokalradios. Insgesamt haben die NRW-Lokalradio-Hörer in den letzten fünf Wochen über 100.000 Euro gewonnen. Zu den Glücklichen gehörten natürlich die Gewinner der großen Jackpots:

15.000 Euro gewann Nicole Soukup aus Mönchengladbach mit einem Eisbergsalat.
23.500 Euro räumte Britta Pöller aus Oberhausen mit einem Seifenspender ab.
17.100 Euro gingen an Ilona Sack aus Schmerlecke für eine Pfeffermühle.
37.900 Euro brachte Klaus Lehrke aus Mettmann ein Trinkpäckchen-Strohhalm ein.

Aber auch viele, die mit ihrem Tip im Programm der NRW-Lokalradios falsch lagen, konnten sich an den Super-Samstagen über 100,-- Euro extra freuen. Und am heutigen letzten, großen Super-Samstag setzten die NRW-Lokalradios noch eins drauf: 1.000 Euro kann man als Anrufer bei "Der Revanche" für jedes geheimnisvolle Geräusch gewinnen, das nun im Gegenzug dem Gewinnspielteam vorgespielt wird - vorausgesetzt, weder Susan Schwarzbach noch Tony Kaufmann raten, worum es sich handelt.

Mit dem geheimnisvollen Geräusch geht das bisher erfolgreichste Gewinnspiel der NRW-Lokalradios zu Ende. Wochenlang war "DAS GEHEIMNISVOLLE GERÄUSCH" Stadtgespräch. Ob im Supermarkt, im Freundeskreis oder bei Geschäftsterminen: Überall rätselte man, was wohl das aktuelle geheimnisvolle Geräusch auslöst. Die Beteiligung am Gewinnspiel war unglaublich. Die Telefone standen nicht still - hier nur ein paar der Hörerreaktionen:

Die komplette Familie von Heidi Vortkamp ist im Ratefieber: "Meine Familie und ich raten seit der ersten Spielrunde fieberhaft mit. Unsere Tochter (6) hat bisher die besten Ideen. Sie hat die ersten 3 Geräusche auf Anhieb erkannt. Unser Sohn (4) läuft den ganzen Tag mit dem Telefon hinter dem Rest der Familie her."

"Es ist nicht zu fassen, dass so ein simples Geräusch so viele Menschen in seinen Bann zieht. Ich arbeite zurzeit an der Kasse eines Discounters und noch nicht mal dort kommen die Leute von dem geheimnisvollen Geräusch los. Leute, die gebannt Radio übers Handy hören und sich nicht davor scheuen, während des Kassiervorganges bei Euch anzurufen und unsere Kassen für kurze Zeit lahm zu legen." meint Sara Iacono, völlig verblüfft von den Reaktionen auf "DAS GEHEIMNISVOLLE GERÄUSCH".

Weitere Informationen zum Gewinnspiel finden Sie im Internet unter www.dasgeheimnisvollegeraeusch.de.

* Durch die Ausstrahlung des Bürgerfunks und lokaler Sondersendungen kann es bei einigen Lokalsendern zu Varianzen gekommen sein. Zwar fand auch hier das Gewinnspiel statt, jedoch ggf. nicht jede Stunde. Nicht jeder NRW-Lokalsender hat in vollem Umfang an dem Gewinnspiel teilgenommen.

"100.000 für 10" -
Das neue Gewinnspiel der NRW-Lokalradios sorgt zu Jahresbeginn für Spannung und großen Geldsegen

Oberhausen, 19. Dezember 2007: Achtung, Achtung! Die NRW-Lokalradios warnen ihre Hörer vor der übereilten Ausgabe von 10 Euro-Scheinen. Unsere Empfehlung daher für Ihr persönliches Glück: Hüten Sie ab sofort das rot-weiße Papier wie einen kostbaren Schatz und geben Sie es auf keinen Fall mehr aus der Hand, sonst könnte die Enttäuschung und der Frust im Zweifel sehr groß sein: Denn noch nie war ein einzelner 10 Euro-Schein in NRW soviel wert wie jetzt - im besten Fall 100.000 Euro! Und das ist kein Scherz: Denn Anfang des neuen Jahres starten die NRW-Lokalradios mit einem Gewinnspiel der absoluten Spitzenklasse: Unter dem Motto "100.000 für 10" haben die Hörer vom 1. bis 27. Januar 2008 die große Chance, den Höchstgewinn von 100.000 Euro in bar abzusahnen.

Und so funktioniert das Gewinnspiel: Die NRW-Lokalradios haben ausreichend 10 Euro-Banknoten in Umlauf gebracht. Jeder Schein ist mit einer Seriennummer versehen, die vorab von einem Notar registriert wurde. Das Spiel startet am 1. Januar 2008 kurz vor den 10 Uhr-Nachrichten mit der Verlesung einer der registrierten Seriennummern. Wer einen Geldschein sein Eigen nennen kann, auf dem die Seriennummer mit der im Programm genannten vollständig übereinstimmt, der sollte sich dringend innerhalb der ersten 15 Minuten der Folgestunde unter der Gewinnspiel-Hotline 01379-70 2000 (50 Cent pro Anruf aus dem deutschen Festnetz, Mobilfunkpreise können abweichen) melden und damit 100.000 Euro in bar abkassieren. Bis zum 27. Januar 2008 gibt es stündlich (Montag bis Freitag, 5.00 bis 18.00 Uhr, Wochenende 8.00 bis 18.00 Uhr) eine frische Seriennummer - also immer wieder die neue Chance auf 100.000 Euro.

Doch auch wenn der Besitzer des 10 Euro-Scheins seine Chance verpasst und sich nicht gemeldet hat, ist noch nicht alles verloren. Jetzt können alle NRW-Lokalradio-Hörer mitmachen und gewinnen. Mit der Zusatzchance können im Laufe des Tages über die letzten drei Ziffern der jeweiligen Seriennummern bis zu 10.000 Euro gewonnen werden.

Hierzu muss man sich nur bei der Gewinnspiel-Hotline 01379-70 2000 (50 Cent pro Anruf aus dem deutschen Festnetz, Mobilfunkpreise können abweichen) melden und der 10. Anrufer sein, mit dem die Moderatoren Susan Schwarzbach und Tony Kaufmann aus dem Gewinnspiel-Team sprechen. Für drei korrekte Endziffern gibt es 10.000 Euro, für die zwei letzten Stellen 1.000 Euro und für die letzte richtige Ziffer auf dem 10 Euro-Schein immerhin 100 Euro für den Gewinner.

Als Highlight haben sich die NRW-Lokalradios zudem noch etwas ganz Besonderes einfallen lassen - den sogenannten "Doppeldonnerstag". Jeden Donnerstag können die Hörer nämlich ihren Gewinn noch um 100 Prozent steigern. Da gibt es dann satte 200.000 Euro, 20.000 Euro, 2.000 Euro oder 200 Euro pro Spielrunde zu gewinnen.

Noch nie war die Chance auf jede Menge Bargeld so nah wie im Januar 2008: Jetzt heißt es, Augen offen halten, den ganzen Tag sein NRW-Lokalradio hören und immer seine 10 Euro-Scheine gut im Blick behalten.

Weitere Informationen zum Gewinnspiel "100.000 für 10" finden Sie auf den Homepages ihres NRW-Lokalradios*.

---

*Anmerkung: Nicht jeder NRW-Lokalsender wird im vollen Umfang an dem Gewinnspiel teilnehmen. Genaueres erfahren Sie auch bei unserem Hörerservice unter 01805/0 80 580 (14 Cent pro Minute aus dem deutschen Festnetz, Mobilfunkpreise können abweichen.)

Mitspielen kann jeder bei den ANTENNE BAYERN 100.000 Euro Hits. Einfach Song erkennen, anrufen und gewinnen. Die Gewinnhotline lautet 01379 – 36 37 38 (für 50 Cent aus dem Festnetz der Deutschen Telekom). Weitere Informationen zum Gewinnspiel und alle Mitmachregeln sowie Teilnahmebedingungen sind auf www.antenne.de zusammengefasst.

Diese Presseinformation und Fotos finden Sie auch im Internet unter presse.antenne.de

---

Für weitere Informationen und Fotomaterial wenden Sie sich bitte an:

ANTENNE BAYERN GmbH & Co. KG
Kontakt: Stefan Assfalg, Referent Presse/Öffentlichkeitsarbeit
Tel.: 089/99 277-205, Fax: 089/99 277-208
Email: stefan.assfalg@antenne.de

Sylvia Engler aus Eckental holt sich bei ANTENNE BAYERN ihre 55.505 Euro ab

Presse Info
ANTENNE BAYERN
GmbH & Co. KG
Münchener Straße 101c
85737 Ismaning

Postfach 1305
85731 Ismaning

Unternehmenskommunikation
T 0049. 89. 99 277-244
F 0049. 89. 99 277-208
presse@antenne.de
www.antenne.de

Ismaning, 3. April 2008 – Sylvia Engler aus Eckental hat sich heute bei ANTENNE BAYERN in Ismaning einen Geldkoffer mit 55.505 Euro abgeholt. Die 40-Jährige wusste gestern Mittwoch, 2. April 2008, beim aktuellen Gewinnspiel des Senders „Cash-Call" die Summe und räumte ab.

Feuchte Augen gab es heute in den frühen Morgenstunden in den Studios von ANTENNE BAYERN in Ismaning bei München. Grund: Cash-Call-Gewinnerin Sylvia Engler aus Eckental hat zusammen mit ihrem Freund Stefan (35) einen Koffer voller Geld in Empfang genommen. Die 40-Jährige hat am gestrigen Mittwoch, 2. April 2008, beim Anruf von Moderatorin Dominique Knoll die aktuelle Cash-Call-Summe gewusst. „55.505 ist so eine unfassbare Summe, ich bin ganz sprachlos", schluchzte die Sachbearbeiterin heute Morgen bei Morgenmoderator Wolfgang Leikermoser ins Mikro.

Der Sender hat Sylvia zusammen mit ihrem Freund eingeladen nach Ismaning zu kommen, und sich zum Einen ihren Gewinn persönlich abzuholen und zum Andern mit „Leiki" in der Sendung „Guten Morgen Bayern" zu frühstücken. Schon gestern Abend ist das Gewinnerpaar von einem Chauffeur in Mittelfranken abgeholt und in ein Hotel nahe München gebracht worden. „Wir haben gestern Abend noch im Hotel auf unseren Gewinn angestoßen und haben heute Morgen glatt verschlafen", so Stefan im ANTENNE BAYERN-Interview.

Verschlafen oder pünktlich, der Geldkoffer mit dem Gewinn von 55.505 Euro hat Wolfgang Leikermoser neben seinem Mischpult postiert. „Sylvia und Stefan, jetzt ist der Augenblick gekommen – hier ist der Koffer mit eurer Kohle", heißt es um kurz nach halb acht. „Der Koffer ist aber schon arg schwer", freut sich Stefan, „da sind ganz viele grüne Scheine drin", fügt Sylvia mit Freudentrännen an.

/2

ANTENNE BAYERN GmbH & Co. KG | Rechtsform: Kommanditgesellschaft, Sitz Ismaning, Landkreis München
Registergericht München HRA 66679 | **Vorsitzender der Geschäftsführung** Karlheinz Hörhammer
Geschäftsführerin/Programmdirektorin Valerie Weber | info@antenne.de

Seite 2

Mit dem Gewinn will das Paar sich den Traum von einem neuen Auto verwirklichen. „Wir mussten aus Kostengründen vor einiger Zeit unser Auto abgeben und freuen uns um so mehr, jetzt dann wieder richtig mobil sein zu können", erklärt die Gewinnern. Weiter soll auch noch eine Reise nach Kalifornien raus springen.

Und so hat Sylvia gewonnen: Die ANTENNE BAYERN-Moderatoren nennen im laufenden Programm einen Betrag den es zu gewinnen gibt und rufen per Zufallsprinzip quer durch Bayern, um den im Programm genannten Betrag zu verschenken. Weiss der angerufene die aktuelle Cash-Call-Summe, gewinnt er diese. Der ANTENNE BAYERN-Cash-Call erfolgt auf privaten Festnetzanschlüssen, Mobiltelefonen oder Firmennummern und findet täglich von Montag bis Samstag in der Zeit zwischen 06.00 bis 18.00 Uhr statt. Weitere Infos gibt es auch im Internet auf www.antenne.de.

Für weitere Informationen und Fotomaterial wenden Sie sich bitte an:

ANTENNE BAYERN GmbH & Co. KG
Leiterin Unternehmenskommunikation Franziska Sigg
Kontakt: Stefan Assfalg, Referent Presse/Öffentlichkeitsarbeit
T 0049. 89. 99 277-205 | F 0049. 89. 99 277-208 | stefan.assfalg@antenne.de

Erwachsene 14 +
Tagesreichweite 5-24 Uhr netto
Montag - Freitag
Alle Sender inklusive werbefreie Programme
Hochrechnung in Mio.

	BRD Gesamt			
	ma 2007 Radio II	ma 2007 Radio I	Differenz in Tsd.	Differenz in Proz.
BASIS	64.818	65.066	-	-
Fallzahl (ungew.)	46106	43697	-	-
Alle Sender	51.445	51.634	-189	-0,4
ARD Gesamt	33.684	34.019	-335	-1,0
Private Gesamt	28.964	28.741	223	0,8
Radiosender				
JAM FM	0,178	0,220	-42	-19,1
Klassik Radio	0,685	0,661	24	3,6
Radio Melodie	0,173	0,197	-24	-12,2
RTL RADIO	0,754	0,737	17	2,3
sunshine live	0,364	0,376	-12	-3,2
Deutschlandfunk	1,376	1,432	-56	-3,9
Deutschlandradio Kultur	0,299	0,308	-9	-2,9
NDR 1 Niedersachsen	2,499	2,687	-188	-7,0
NDR 1 Welle Nord	0,640	0,720	-80	-11,1
NDR 1 Radio MV	0,486	0,521	-35	-6,7
NDR 90,3	0,427	0,437	-10	-2,3
NDR 1 Gesamt	3,936	4,214	-278	-6,6
NDR 2	1,988	1,995	-7	-0,4
N-JOY	0,912	0,941	-29	-3,1
NDR Kultur	0,306	0,320	-14	-4,4
NDR Info	0,427	0,442	-15	-3,4
NDR Gesamt	6,663	7,001	-338	-4,8
delta radio	0,213	0,251	-38	-15,1
R.SH Radio Schleswig-Holstein	0,866	0,914	-48	-5,3
Radio NORA	0,210	0,209	1	0,5
Das Neue alster radio - 106!8 rock'n pop	0,225	0,219	6	2,7
ENERGY Hamburg	0,102	0,110	-8	-7,3
Klassik Radio Gebiet Hamburg	0,069	0,069	0	0,0
Oldie 95	0,141	0,126	15	11,9
Radio Hamburg	0,709	0,739	-30	-4,1
Hit-Radio Antenne	1,094	0,974	120	12,3
radio ffn	1,726	1,586	140	8,8
RADIO 21	0,324	0,276	48	17,4
Bremen Eins	0,424	0,409	15	3,7
Bremen Vier	0,294	0,303	-9	-3,0
Nordwestradio	0,034	0,033	1	3,0
RB Gesamt	0,705	0,689	16	2,3
ENERGY Bremen	0,122	0,106	16	15,1
1LIVE	2,680	2,515	165	6,6
WDR 2	2,497	2,818	-321	-11,4
WDR 3	0,250	0,292	-42	-14,4
WDR 4	2,436	2,675	-239	-8,9
WDR 5	0,532	0,509	23	4,5
WDR Gesamt	7,228	7,380	-152	-2,1
radio NRW	4,623	4,677	-54	-1,2
100'5 DAS HITRADIO.	0,165	0,162	3	1,9
102.2 Radio Essen	0,167	-	-	-
107.8 Antenne AC	0,109	0,105	4	3,8
hr1	0,326	0,334	-8	-2,4
hr2	0,115	0,151	-36	-23,8
hr3	1,203	1,107	96	8,7
hr4	0,971	0,882	89	10,1
hr-info	0,101	0,093	8	8,6
YOU FM	0,202	0,198	4	2,0
hr Gesamt	2,533	2,376	157	6,6
HIT RADIO FFH	1,945	1,979	-34	-1,7
planet radio	0,370	0,385	-15	-3,9
harmony.fm	0,141	0,076	65	85,5
MAIN FM	0,078	0,052	26	50,0
SkyRadio	0,103	0,104	-1	-1,0
SR 1 Europawelle	0,237	0,216	21	9,7
SR 2 KulturRadio	0,026	0,015	11	73,3
SR 3 Saarlandwelle	0,225	0,216	9	4,2
SR Gesamt	0,495	0,455	40	8,8
Radio Salü	0,291	0,316	-25	-7,9
DAS DING/103.7 UNSER DING	0,235	0,226	9	4,0
SWR1 BW	1,222	1,168	54	4,6
SWR1 RP	0,620	0,628	-8	-1,3
SWR2	0,237	0,228	9	3,9
SWR3	3,423	3,169	254	8,0

65

Erwachsene 14 +
Tagesreichweite 5-24 Uhr netto
Montag - Freitag
Alle Sender inklusive werbefreie Programme
Hochrechnung in Mio.

	BRD Gesamt			
	ma 2007 Radio II	ma 2007 Radio I	Differenz in Tsd.	Differenz in Proz.
BASIS	64,818	65,066	-	-
Fallzahl (ungew.)	46106	43897	-	-
SWR4 BW	1,594	1,669	-75	-4,5
SWR4 RP	0,788	0,831	-43	-5,2
SWR Gesamt	7,030	6,875	155	2,3
bigFM Hot Music Radio	0,561	0,534	27	5,1
RPR1.	1,151	1,051	100	9,5
ROCKLAND RADIO	0,159	0,162	-3	-1,9
106.0 Antenne Südbaden	0,047	0,046	1	2,2
bigFM Der neue Beat	0,478	0,473	5	1,1
DIE NEUE 107.7	0,220	0,154	66	42,9
die neue welle	0,089	-	-	-
ENERGY Region Stuttgart	0,124	0,103	21	20,4
Hit-Radio ANTENNE 1	0,985	0,956	29	3,0
HITRADIO OHR	0,061	0,054	7	13,0
Radio 7	0,606	0,672	-66	-9,8
Radio Regenbogen	0,796	0,854	-58	-6,8
Radio Seefunk	0,098	0,073	25	34,2
Radio TON	0,264	0,264	0	0,0
Bayern 1	2,310	2,329	-19	-0,8
Bayern2Radio	0,356	0,319	37	11,6
Bayern 3	2,135	2,107	28	1,3
Bayern 4 Klassik	0,222	0,205	17	8,3
B5 aktuell	0,617	0,581	36	6,2
BR Gesamt	4,707	4,764	-57	-1,2
ANTENNE BAYERN	3,372	3,511	-139	-4,0
ROCK ANTENNE	0,154	0,160	-6	-3,8
95.5 Charivari (München)	0,127	0,130	-3	-2,3
ENERGY München	0,154	0,175	-21	-12,0
RADIO ARABELLA	0,305	0,362	-57	-15,7
Radio Gong 96.3 (München)	0,243	0,238	5	2,1
Antenne Brandenburg	0,745	0,724	21	2,9
radioeins	0,332	0,359	-27	-7,5
Fritz	0,339	0,285	54	18,9
radioBERLIN 88,8	0,314	0,302	12	4,0
Inforadio	0,316	0,280	36	12,9
kulturradio	0,089	0,091	-2	-2,2
radiomultikulti	0,037	0,038	-1	-2,6
RBB Gesamt	1,846	1,790	56	3,1
BB RADIO	0,605	0,632	-27	-4,3
Berliner Rundfunk	0,462	0,478	-16	-3,3
KISS FM	0,235	0,267	-32	-12,0
ni2	0,421	0,515	-94	-18,3
104.6 RTL	0,455	0,515	-60	-11,7
105'5 Spreeradio	0,240	0,221	19	8,6
ENERGY Berlin	0,290	0,277	13	4,7
JAM FM Berlin	0,064	0,080	-16	-20,0
JazzRadio	0,050	0,046	4	8,7
Radio Paradiso	0,154	0,161	-7	-4,3
STAR FM 87.9	0,129	0,112	17	15,2
100.6 Motor FM	0,069	-	-	-
Klassik Radio Gebiet Berlin	0,163	0,146	17	11,6
Radio TEDDY	0,086	-	-	-
JUMP	1,233	1,387	-154	-11,1
MDR 1 überregional	2,287	2,263	24	1,1
MDR Info	0,282	0,339	-57	-16,8
MDR Figaro	0,185	0,178	7	3,9
MDR Sputnik	0,210	0,267	-57	-21,3
MDR Gesamt	3,901	4,038	-137	-3,4
ANTENNE MECKLENBURG-VORPOMMERN	0,497	0,482	15	3,1
OSTSEEWELLE Mecklenburg-Vorpommern	0,526	0,471	55	11,7
89.0 RTL	0,577	0,479	98	20,5
MDR 1 Radio Sachsen-Anhalt	0,520	0,479	41	8,6
Radio Brocken	0,515	0,550	-35	-6,4
radio SAW	0,995	0,923	72	7,8
ROCKLAND	0,047	0,065	-18	-27,7
ENERGY Sachsen	0,239	0,291	-52	-17,9
HITRADIO RTL SACHSEN	0,435	0,430	5	1,2
MDR 1 Radio Sachsen	1,241	1,223	18	1,5
R.SA	0,394	0,397	-3	-0,8
RADIO PSR	0,917	0,93	-13	-1,4
ANTENNE THÜRINGEN	0,666	0,674	-8	-1,2
LandesWelle Thüringen	0,418	0,422	-4	-0,9
MDR 1 Radio Thüringen	0,800	0,831	-31	-4,9

Erwachsene 14 +
Tagesreichweite 5-24 Uhr netto
Montag - Freitag
Alle Sender inklusive werbefreie Programme
Reichweite in %

BRD Gesamt

	ma 2007 Radio II	ma 2007 Radio I	Index ma 2007 I = 100
BASIS	46.073	43.650	-
Fallzahl	46.106	43.697	-
Alle Sender	79,4	79,4	100
ARD Gesamt	52,0	52,3	99
Private Gesamt	44,7	44,2	101
Radiosender			
JAM FM	0,3	0,3	100
Klassik Radio	1,1	1,0	110
Radio Melodie	0,3	0,3	100
RTL RADIO	1,2	1,1	109
sunshine live	0,6	0,6	100
Deutschlandfunk	2,1	2,2	95
Deutschlandradio Kultur	0,5	0,5	100
NDR 1 Niedersachsen	3,9	4,1	95
NDR 1 Welle Nord	1,0	1,1	91
NDR 1 Radio MV	0,8	0,8	100
NDR 90,3	0,7	0,7	100
NDR 1 Gesamt	6,1	6,5	94
NDR 2	3,1	3,1	100
N-JOY	1,4	1,4	100
NDR Kultur	0,5	0,5	100
NDR Info	0,7	0,7	100
NDR Gesamt	10,3	10,8	95
delta radio	0,3	0,4	75
R.SH Radio Schleswig-Holstein	1,3	1,4	93
Radio NORA	0,3	0,3	100
Das Neue alster radio - 106|8 rock'n pop	0,3	0,3	100
ENERGY Hamburg	0,2	0,2	100
Klassik Radio Gebiet Hamburg	0,1	0,1	100
Oldie 95	0,2	0,2	100
Radio Hamburg	1,1	1,1	100
Hit-Radio Antenne	1,7	1,5	113
radio ffn	2,7	2,4	113
RADIO 21	0,5	0,4	125
Bremen Eins	0,7	0,6	117
Bremen Vier	0,5	0,5	100
Nordwestradio	0,1	0,1	100
RB Gesamt	1,1	1,1	100
ENERGY Bremen	0,2	0,2	100
1LIVE	4,1	3,9	105
WDR 2	3,9	4,3	91
WDR 3	0,4	0,4	100
WDR 4	3,8	4,1	93
WDR 5	0,8	0,8	100
WDR Gesamt	11,2	11,3	99
radio NRW	7,1	7,2	99
100'5 DAS HITRADIO.	0,3	0,2	150
102.2 Radio Essen	0,3	-	-
107.8 Antenne AC	0,2	0,2	100
hr1	0,5	0,5	100
hr2	0,2	0,2	100
hr3	1,9	1,7	112
hr4	1,5	1,4	107
hr-info	0,2	0,1	200
YOU FM	0,3	0,3	100
hr Gesamt	3,9	3,7	105
HIT RADIO FFH	3,0	3,0	100
planet radio	0,6	0,6	100
harmony.fm	0,2	0,1	200
MAIN FM	0,1	0,1	100
SkyRadio	0,2	0,2	100
SR 1 Europawelle	0,4	0,3	133
SR 2 KulturRadio	0,0	0,0	100
SR 3 Saarlandwelle	0,3	0,3	100
SR Gesamt	0,8	0,7	114
Radio Salü	0,4	0,5	80
DAS DING/103.7 UNSER DING	0,4	0,3	133
SWR1 BW	1,9	1,8	106
SWR1 RP	1,0	1,0	100
SWR2	0,4	0,4	100
SWR3	5,3	4,9	108
SWR4 BW	2,5	2,6	96

Erwachsene 14 +
Tagesreichweite 5-24 Uhr netto
Montag - Freitag
Alle Sender inklusive werbefreie Programme
Reichweite in %

BRD Gesamt

	ma 2007 Radio II	ma 2007 Radio I	Index ma 2007 I = 100
BASIS	46.073	43.650	-
Fallzahl	46.106	43.697	-
SWR4 RP	1,2	1,3	92
SWR Gesamt	10,8	10,6	102
bigFM Hot Music Radio	0,9	0,8	113
RPR1.	1,8	1,6	113
ROCKLAND RADIO	0,2	0,2	100
106.0 Antenne Südbaden	0,1	0,1	100
bigFM Der neue Beat	0,7	0,7	100
DIE NEUE 107.7	0,3	0,2	150
die neue welle	0,1	-	-
ENERGY Region Stuttgart	0,2	0,2	100
Hit-Radio ANTENNE 1	1,5	1,5	100
HITRADIO OHR	0,1	0,1	100
Radio 7	0,9	1,0	90
Radio Regenbogen	1,2	1,3	92
Radio Seefunk	0,2	0,1	200
Radio TON	0,4	0,4	100
Bayern 1	3,6	3,6	100
Bayern2Radio	0,5	0,5	100
Bayern 3	3,3	3,2	103
Bayern 4 Klassik	0,3	0,3	100
B5 aktuell	1,0	0,9	111
BR Gesamt	7,3	7,3	100
ANTENNE BAYERN	5,2	5,4	96
ROCK ANTENNE	0,2	0,2	100
95.5 Charivari (München)	0,2	0,2	100
ENERGY München	0,2	0,3	67
RADIO ARABELLA	0,5	0,6	83
Radio Gong 96,3 (München)	0,4	0,4	100
Antenne Brandenburg	1,2	1,1	109
radioeins	0,5	0,6	83
Fritz	0,5	0,4	125
radioBERLIN 88,8	0,5	0,5	100
Inforadio	0,5	0,4	125
kulturradio	0,1	0,1	100
radiomultikulti	0,1	0,1	100
RBB Gesamt	2,8	2,8	100
BB RADIO	0,9	1,0	90
Berliner Rundfunk	0,7	0,7	100
KISS FM	0,4	0,4	100
ns2	0,7	0,8	88
104.6 RTL	0,7	0,8	88
105'5 Spreeradio	0,4	0,3	133
ENERGY Berlin	0,4	0,4	100
JAM FM Berlin	0,1	0,1	100
JazzRadio	0,1	0,1	100
Radio Paradiso	0,2	0,2	100
STAR FM 87.9	0,2	0,2	100
100.6 Motor FM	0,1	-	-
Klassik Radio Gebiet Berlin	0,3	0,2	150
Radio TEDDY	0,1	-	-
JUMP	1,9	2,1	90
MDR 1 überregional	3,5	3,5	100
MDR Info	0,4	0,5	80
MDR Figaro	0,3	0,3	100
MDR Sputnik	0,3	0,4	75
MDR Gesamt	6,0	6,2	97
ANTENNE MECKLENBURG-VORPOMMERN	0,8	0,7	114
OSTSEEWELLE Mecklenburg-Vorpommern	0,8	0,7	114
89.0 RTL	0,9	0,7	129
MDR 1 Radio Sachsen-Anhalt	0,8	0,7	114
Radio Brocken	0,8	0,8	100
radio SAW	1,5	1,4	107
ROCKLAND	0,1	0,1	100
ENERGY Sachsen	0,4	0,4	100
HITRADIO RTL SACHSEN	0,7	0,7	100
MDR 1 Radio Sachsen	1,9	1,9	100
R.SA	0,6	0,6	100
RADIO PSR	1,4	1,4	100
ANTENNE THÜRINGEN	1,0	1,0	100
LandesWelle Thüringen	0,6	0,6	100
MDR 1 Radio Thüringen	0,9	1,0	90

Erwachsene 14 +
Tagesreichweite 5-24 Uhr netto
Montag - Freitag
Alle Sender inklusive werbefreie Programme
Hochrechnung in Mio.

	BRD Gesamt			
	ma 2008 Radio I	ma 2007 Radio II	Differenz in Tsd.	Differenz in Proz.
BASIS	64,818	64,818	-	-
Fallzahl (ungew.)	46213	46106	-	-
Alle Sender	51,252	51,445	-193	-0,4
ARD Gesamt	33,658	33,684	-26	-0,1
Private Gesamt	28,846	28,964	-118	-0,4
Radiosender				
JAM FM	0,167	0,178	-11	-6,2
Klassik Radio	0,698	0,685	13	1,9
RTL RADIO	0,653	0,754	-101	-13,4
sunshine live	0,346	0,364	-18	-4,9
Deutschlandfunk	1,325	1,376	-51	-3,7
Deutschlandradio Kultur	0,306	0,299	7	2,3
NDR 1 Niedersachsen	2,495	2,499	-4	-0,2
NDR 1 Welle Nord	0,645	0,640	5	0,8
NDR 1 Radio MV	0,427	0,486	-59	-12,1
NDR 90,3	0,392	0,427	-35	-8,2
NDR 1 Gesamt	3,871	3,936	-65	-1,7
NDR 2	1,995	1,988	7	0,4
N-JOY	0,918	0,912	6	0,7
NDR Kultur	0,272	0,306	-34	-11,1
NDR Info	0,401	0,427	-26	-6,1
NDR Gesamt	6,652	6,663	-11	-0,2
delta radio	0,242	0,213	29	13,6
R.SH Radio Schleswig-Holstein	0,905	0,866	39	4,5
Radio NORA	0,221	0,210	11	5,2
Das Neue alster radio - 106/8 rock'n pop	0,240	0,225	15	6,7
ENERGY Hamburg	0,100	0,102	-2	-2,0
Klassik Radio Gebiet Hamburg	0,058	0,069	-11	-15,9
Oldie 95	0,130	0,141	-11	-7,8
Radio Hamburg	0,713	0,709	4	0,6
Hit-Radio Antenne	1,291	1,094	197	18,0
radio ffn	1,844	1,726	118	6,8
RADIO 21	0,294	0,324	-30	-9,3
Bremen Eins	0,382	0,424	-42	-9,9
Bremen Vier	0,279	0,294	-15	-5,1
Nordwestradio	0,025	0,034	-9	-26,5
RB Gesamt	0,635	0,705	-70	-9,9
ENERGY Bremen	0,119	0,122	-3	-2,5
1LIVE	2,720	2,680	40	1,5
WDR 2	2,448	2,497	-49	-2,0
WDR 3	0,233	0,250	-17	-6,8
WDR 4	2,585	2,436	149	6,1
WDR 5	0,531	0,532	-1	-0,2
WDR Gesamt	7,389	7,228	161	2,2
radio NRW	4,368	4,578	-210	-4,6
100'5 DAS HITRADIO.	0,139	0,165	-26	-15,8
102.2 Radio Essen	0,167	0,167	0	0,0
107.8 Antenne AC	0,109	0,109	0	0,0
hr1	0,433	0,326	107	32,8
hr2	0,110	0,115	-5	-4,3
hr3	1,187	1,203	-16	-1,3
hr4	0,913	0,971	-58	-6,0
hr-info	0,072	0,101	-29	-28,7
YOU FM	0,217	0,202	15	7,4
hr Gesamt	2,572	2,533	39	1,5
HIT RADIO FFH	1,962	1,945	17	0,9
planet radio	0,391	0,370	21	5,7
harmony.fm	0,131	0,141	-10	-7,1
MAIN FM	0,083	0,078	5	6,4
SkyRadio	0,123	0,103	20	19,4
SR 1 Europawelle	0,244	0,237	7	3,0
SR 2 KulturRadio	0,025	0,026	-1	-3,8
SR 3 Saarlandwelle	0,244	0,225	19	8,4
SR Gesamt	0,517	0,495	22	4,4
Radio Salü	0,273	0,291	-18	-6,2
DAS DING/103.7 UNSER DING	0,205	0,235	-30	-12,8
SWR1 BW	1,178	1,222	-44	-3,6
SWR1 RP	0,619	0,620	-1	-0,2
SWR2	0,246	0,237	9	3,8
SWR3	3,253	3,423	-170	-5,0

Erwachsene 14 +
Tagesreichweite 5-24 Uhr netto
Montag - Freitag
Alle Sender inklusive werbefreie Programme
Hochrechnung in Mio.

	BRD Gesamt			
	ma 2008 Radio I	ma 2007 Radio II	Differenz in Tsd.	Differenz in Proz.
BASIS	64,818	64,818	-	-
Fallzahl (ungew.)	46213	46106	-	-
SWR4 BW	1,636	1,594	42	2,6
SWR4 RP	0,720	0,788	-68	-8,6
SWR Gesamt	6,864	7,030	-166	-2,4
bigFM Hot Music Radio	0,561	0,561	0	0,0
RPR1.	1,187	1,151	36	3,1
ROCKLAND RADIO	0,157	0,159	-2	-1,3
baden.fm	0,070	0,047	23	48,9
bigFM Der neue Beat	0,388	0,478	-90	-18,8
DIE NEUE 107.7	0,213	0,220	-7	-3,2
die neue welle	0,113	0,089	24	27,0
ENERGY Region Stuttgart	0,120	0,124	-4	-3,2
Hit-Radio ANTENNE 1	1,021	0,985	36	3,7
HITRADIO OHR	0,076	0,061	15	24,6
Radio 7	0,618	0,606	12	2,0
Radio Regenbogen	0,776	0,796	-20	-2,5
Radio Seefunk	0,114	0,098	16	16,3
Radio TON	0,238	0,264	-26	-9,8
Bayern 1	2,222	2,310	-88	-3,8
Bayern 2	0,351	0,356	-5	-1,4
Bayern 3	2,110	2,135	-25	-1,2
Bayern 4 Klassik	0,236	0,222	14	6,3
B5 aktuell	0,543	0,617	-74	-12,0
BR Gesamt	4,551	4,707	-156	-3,3
ANTENNE BAYERN	3,171	3,372	-201	-6,0
ROCK ANTENNE	0,151	0,154	-3	-1,9
95.5 Charivari (München)	0,130	0,127	3	2,4
ENERGY München	0,148	0,154	-6	-3,9
RADIO ARABELLA	0,230	0,305	-75	-24,6
Radio Gong 96.3 (München)	0,158	0,243	-85	-35,0
Antenne Brandenburg	0,767	0,745	22	3,0
radioeins	0,317	0,332	-15	-4,5
Fritz	0,350	0,339	11	3,2
radioBERLIN 88,8	0,264	0,314	-50	-15,9
Inforadio	0,308	0,316	-8	-2,5
kulturradio	0,089	0,089	0	0,0
radiomultikulti	0,038	0,037	1	2,7
RBB Gesamt	1,844	1,846	-2	-0,1
BB RADIO	0,615	0,605	10	1,7
Berliner Rundfunk 91!4	0,448	0,462	-14	-3,0
KISS FM	0,208	0,235	-27	-11,5
ns2	0,481	0,421	60	14,3
104.6 RTL	0,477	0,455	22	4,8
105'5 Spreeradio	0,222	0,240	-18	-7,5
ENERGY Berlin	0,293	0,290	3	1,0
JAM FM Berlin	0,073	0,064	9	14,1
JazzRadio	0,055	0,050	5	10,0
Radio Paradiso	0,129	0,154	-25	-16,2
STAR FM 87.9	0,142	0,129	13	10,1
100.6 Motor FM	0,063	0,069	-6	-8,7
Klassik Radio Gebiet Berlin	0,167	0,163	4	2,5
Radio TEDDY	0,100	0,086	14	16,3
JUMP	1,295	1,233	62	5,0
MDR 1 DIE ZIELGRUPPE	2,407	2,287	120	5,2
MDR Info	0,322	0,282	40	14,2
MDR Figaro	0,226	0,185	41	22,2
MDR Sputnik	0,180	0,210	-30	-14,3
MDR Gesamt	4,041	3,901	140	3,6
ANTENNE MECKLENBURG-VORPOMMERN	0,468	0,497	-29	-5,8
OSTSEEWELLE Mecklenburg-Vorpommern	0,537	0,526	11	2,1
89.0 RTL	0,563	0,577	-14	-2,4
MDR 1 RADIO SACHSEN-ANHALT	0,567	0,520	47	9,0
Radio Brocken	0,544	0,515	29	5,6
radio SAW	1,068	0,995	73	7,3
ROCKLAND	0,035	0,047	-12	-25,5
ENERGY Sachsen	0,301	0,239	62	25,9
HITRADIO RTL SACHSEN	0,408	0,435	-27	-6,2
MDR 1 RADIO SACHSEN	1,261	1,241	20	1,6
R.SA	0,374	0,394	-20	-5,1
RADIO PSR	0,877	0,917	-40	-4,4
ANTENNE THÜRINGEN	0,644	0,666	-22	-3,3
LandesWelle Thüringen	0,368	0,418	-50	-12,0
MDR 1 RADIO THÜRINGEN	0,864	0,800	64	10,7

Erwachsene 14 +
Tagesreichweite 5-24 Uhr netto
Montag - Freitag
Alle Sender inklusive werbefreie Programme
Reichweite in %

	BRD Gesamt		
	ma 2008 Radio I	ma 2007 Radio II	Index ma 2007 II = 100
BASIS	46.048	46.073	-
Fallzahl	46.213	46.106	-
Alle Sender	79,1	79,4	100
ARD Gesamt	51,9	52,0	100
Private Gesamt	44,5	44,7	100
Radiosender			
JAM FM	0,3	0,3	100
Klassik Radio	1,1	1,1	100
RTL RADIO	1,0	1,2	83
sunshine live	0,5	0,6	83
Deutschlandfunk	2,0	2,1	95
Deutschlandradio Kultur	0,5	0,5	100
NDR 1 Niedersachsen	3,8	3,9	97
NDR 1 Welle Nord	1,0	1,0	100
NDR 1 Radio MV	0,7	0,8	88
NDR 90,3	0,6	0,7	86
NDR 1 Gesamt	6,0	6,1	98
NDR 2	3,1	3,1	100
N-JOY	1,4	1,4	100
NDR Kultur	0,4	0,5	80
NDR Info	0,6	0,7	86
NDR Gesamt	10,3	10,3	100
delta radio	0,4	0,3	133
R.SH Radio Schleswig-Holstein	1,4	1,3	108
Radio NORA	0,3	0,3	100
Das Neue alster radio - 106'8 rock'n pop	0,4	0,3	133
ENERGY Hamburg	0,2	0,2	100
Klassik Radio Gebiet Hamburg	0,1	0,1	100
Oldie 95	0,2	0,2	100
Radio Hamburg	1,1	1,1	100
Hit-Radio Antenne	2,0	1,7	118
radio ffn	2,8	2,7	104
RADIO 21	0,5	0,5	100
Bremen Eins	0,6	0,7	86
Bremen Vier	0,4	0,5	80
Nordwestradio	0,0	0,1	-
RB Gesamt	1,0	1,1	91
ENERGY Bremen	0,2	0,2	100
1LIVE	4,2	4,1	102
WDR 2	3,8	3,9	97
WDR 3	0,4	0,4	100
WDR 4	4,0	3,8	105
WDR 5	0,8	0,8	100
WDR Gesamt	11,4	11,2	102
radio NRW	6,7	7,1	94
100'5 DAS HITRADIO.	0,2	0,3	67
102.2 Radio Essen	0,3	0,3	100
107.8 Antenne AC	0,2	0,2	100
hr1	0,7	0,5	140
hr2	0,2	0,2	100
hr3	1,8	1,9	95
hr4	1,4	1,5	93
hr-info	0,1	0,2	50
YOU FM	0,3	0,3	100
hr Gesamt	4,0	3,9	103
HIT RADIO FFH	3,0	3,0	100
planet radio	0,6	0,6	100
harmony.fm	0,2	0,2	100
MAIN FM	0,1	0,1	100
SkyRadio	0,2	0,2	100
SR 1 Europawelle	0,4	0,4	100
SR 2 KulturRadio	0,0	0,0	100
SR 3 Saarlandwelle	0,4	0,3	100
SR Gesamt	0,8	0,8	100
Radio Salü	0,4	0,4	100
DAS DING/103.7 UNSER DING	0,3	0,4	75
SWR1 BW	1,8	1,9	95
SWR1 RP	1,0	1,0	100
SWR2	0,4	0,4	100
SWR3	5,0	5,3	94
SWR4 BW	2,5	2,5	100

Erwachsene 14 +
Tagesreichweite 5-24 Uhr netto
Montag - Freitag
Alle Sender inklusive werbefreie Programme
Reichweite in %

| | BRD Gesamt | | |
	ma 2008 Radio I	ma 2007 Radio II	Index ma 2007 II = 100
BASIS	46.048	46.073	-
Fallzahl	46.213	46.106	-
SWR4 RP	1,1	1,2	92
SWR Gesamt	10,6	10,8	98
bigFM Hot Music Radio	0,9	0,9	100
RPR1.	1,8	1,8	100
ROCKLAND RADIO	0,2	0,2	100
baden.fm	0,1	0,1	100
bigFM Der neue Beat	0,6	0,7	86
DIE NEUE 107.7	0,3	0,3	100
die neue welle	0,2	0,1	200
ENERGY Region Stuttgart	0,2	0,2	100
Hit-Radio ANTENNE 1	1,6	1,5	107
HITRADIO OHR	0,1	0,1	100
Radio 7	1,0	0,9	111
Radio Regenbogen	1,2	1,2	100
Radio Seefunk	0,2	0,2	100
Radio TON	0,4	0,4	100
Bayern 1	3,4	3,6	94
Bayern 2	0,5	0,5	100
Bayern 3	3,3	3,3	100
Bayern 4 Klassik	0,4	0,3	133
B5 aktuell	0,8	1,0	80
BR Gesamt	7,0	7,3	96
ANTENNE BAYERN	4,9	5,2	94
ROCK ANTENNE	0,2	0,2	100
95,5 Charivari (München)	0,2	0,2	100
ENERGY München	0,2	0,2	100
RADIO ARABELLA	0,4	0,5	80
Radio Gong 96,3 (München)	0,2	0,4	50
Antenne Brandenburg	1,2	1,2	100
radioeins	0,5	0,5	100
Fritz	0,5	0,5	100
radioBERLIN 88,8	0,4	0,5	80
Inforadio	0,5	0,5	100
kulturradio	0,1	0,1	100
radiomultikulti	0,1	0,1	100
RBB Gesamt	2,8	2,8	100
BB RADIO	0,9	0,9	100
Berliner Rundfunk 91¼	0,7	0,7	100
KISS FM	0,3	0,4	75
ns2	0,7	0,7	100
104.6 RTL	0,7	0,7	100
105'5 Spreeradio	0,3	0,4	75
ENERGY Berlin	0,5	0,4	125
JAM FM Berlin	0,1	0,1	100
JazzRadio	0,1	0,1	100
Radio Paradiso	0,2	0,2	100
STAR FM 87.9	0,2	0,2	100
100.6 Motor FM	0,1	0,1	100
Klassik Radio Gebiet Berlin	0,3	0,3	100
Radio TEDDY	0,2	0,1	200
JUMP	2,0	1,9	105
MDR 1 DIE ZIELGRUPPE	3,7	3,5	106
MDR Info	0,5	0,4	125
MDR Figaro	0,3	0,3	100
MDR Sputnik	0,3	0,3	100
MDR Gesamt	6,2	6,0	103
ANTENNE MECKLENBURG-VORPOMMERN	0,7	0,8	88
OSTSEEWELLE Mecklenburg-Vorpommern	0,8	0,8	100
89.0 RTL	0,9	0,9	100
MDR 1 RADIO SACHSEN-ANHALT	0,9	0,8	113
Radio Brocken	0,8	0,8	100
radio SAW	1,6	1,5	107
ROCKLAND	0,1	0,1	100
ENERGY Sachsen	0,5	0,4	125
HITRADIO RTL SACHSEN	0,6	0,7	86
MDR 1 RADIO SACHSEN	1,9	1,9	100
R.SA	0,6	0,6	100
RADIO PSR	1,4	1,4	100
ANTENNE THÜRINGEN	1,0	1,0	100
LandesWelle Thüringen	0,6	0,6	100
MDR 1 RADIO THÜRINGEN	1,0	0,9	111

ma 2008 Radio II

Gesamt
Tagesreichweite 5-24 Uhr netto
Montag - Freitag
Alle Sender inklusive werbefreie Programme

| | BRD Gesamt | | | |
	D+EU 10+ in %	D+EU 14+ in %	D+EU 10+ in Mio	D+EU 14+ in Mio
BASIS	47.440	45.515	69.828	66.995
Fallzahl (ungew.)	47.211	45.832	47.211	45.832
Alle Sender	78.1	78.9	54.534	52.835
ARD Gesamt	51.1	52.1	35.691	34.924
Private Gesamt	43.4	43.5	30.287	29.137
Radiosender				
JAM FM	0.2	0.2	0.167	0.154
Klassik Radio	1.0	1.1	0.721	0.714
RTL RADIO	0.9	0.9	0.635	0.624
sunshine live	0.5	0.5	0.358	0.351
Deutschlandfunk	2.0	2.1	1.407	1.396
Deutschlandradio Kultur	0.5	0.5	0.372	0.368
NDR 1 Niedersachsen	3.5	3.6	2.437	2.409
NDR 1 Welle Nord	1.0	1.0	0.691	0.687
NDR 1 Radio MV	0.7	0.8	0.522	0.522
NDR 90,3	0.5	0.6	0.381	0.381
NDR 1 Gesamt	5.6	5.8	3.916	3.865
NDR 2	3.0	3.0	2.087	1.993
N-JOY	1.4	1.4	0.965	0.918
NDR Kultur	0.4	0.4	0.270	0.269
NDR Info	0.7	0.7	0.478	0.471
NDR Gesamt	9.9	10.1	6.923	6.753
delta radio	0.4	0.4	0.286	0.281
R.SH Radio Schleswig-Holstein	1.4	1.4	0.947	0.920
Radio NORA	0.3	0.3	0.210	0.210
Das Neue atster radio - 10618 rock'n pop	0.3	0.3	0.235	0.230
ENERGY Hamburg	0.1	0.1	0.097	0.089
Klassik Radio Gebiet Hamburg	0.1	0.1	0.058	0.058
Oldie 95	0.2	0.2	0.153	0.153
Radio Hamburg	1.0	1.0	0.723	0.700
Hit-Radio Antenne	1.8	1.8	1.284	1.233
radio ffn	2.6	2.6	1.831	1.733
RADIO 21	0.4	0.4	0.257	0.257
Bremen Eins	0.6	0.6	0.414	0.411
Bremen Vier	0.4	0.4	0.293	0.281
Nordwestradio	0.1	0.1	0.035	0.034
RB Gesamt	1.0	1.0	0.684	0.669
ENERGY Bremen	0.2	0.2	0.125	0.113
1LIVE	4.4	4.4	3.082	2.956
WDR 2	4.1	4.2	2.886	2.843
WDR 3	0.3	0.3	0.232	0.227
WDR 4	3.6	3.8	2.540	2.517
WDR 5	0.7	0.7	0.496	0.493
WDR Gesamt	11.3	11.5	7.873	7.699
radio NRW	6.9	6.9	4.788	4.649
100'5 DAS HITRADIO	0.2	0.2	0.157	0.152
102.2 Radio Essen	0.3	0.3	0.176	0.172
107.8 Antenne AC	0.2	0.2	0.146	0.144
hr1	0.7	0.7	0.483	0.482
hr2	0.2	0.2	0.117	0.117
hr3	1.6	1.6	1.114	1.095
hr4	1.2	1.2	0.829	0.827
hr-info	0.1	0.1	0.090	0.090
YOU FM	0.3	0.3	0.207	0.191
hr Gesamt	3.6	3.7	2.491	2.457
HIT RADIO FFH	2.9	2.9	2.012	1.919
planet radio	0.6	0.6	0.436	0.405
harmony.fm	0.2	0.2	0.125	0.124
MAIN FM	0.1	0.1	0.070	0.070
SkyRadio	0.1	0.1	0.083	0.079
SR 1 Europawelle	0.4	0.4	0.254	0.240
SR 2 KulturRadio	0.0	0.0	0.023	0.023
SR 3 Saarlandwelle	0.4	0.4	0.245	0.237
SR Gesamt	0.8	0.8	0.537	0.511
Radio Salü	0.4	0.4	0.302	0.295
DAS DING/103.7 UNSER DING	0.4	0.4	0.252	0.236
SWR1 BW	1.8	1.9	1.279	1.247
SWR1 RP	0.9	1.0	0.643	0.639
SWR2	0.4	0.4	0.261	0.254
SWR3	5.1	5.1	3.559	3.409
SWR4 BW	2.4	2.5	1.692	1.685
SWR4 RP	1.0	1.1	0.731	0.730
SWR Gesamt	10.5	10.7	7.361	7.169

Gesamt
Tagesreichweite 5-24 Uhr netto
Montag - Freitag
Alle Sender inklusive werbefreie Programme

	BRD Gesamt D+EU 10+ in %	D+EU 14+ in %	D+EU 10+ in Mio	D+EU 14+ in Mio
BASIS	47 440	46 515	69.828	66.995
Fallzahl (ungew.)	47 211	45 832	47.211	45.832
bigFM Hot Music Radio	0.8	0.8	0.581	0.529
RPR1	1.7	1.7	1.186	1.163
ROCKLAND RADIO	0.3	0.3	0.178	0.174
baden.fm	0.1	0.1	0.069	0.069
bigFM Der neue Beat	0.7	0.7	0.481	0.449
DIE NEUE 107.7	0.3	0.3	0.226	0.219
die neue welle	0.2	0.2	0.135	0.131
ENERGY Region Stuttgart	0.2	0.2	0.142	0.142
Hit-Radio ANTENNE 1	1.5	1.5	1.015	0.985
HITRADIO OHR	0.1	0.1	0.065	0.064
Radio 7	1.0	1.0	0.673	0.657
Radio Regenbogen	1.2	1.2	0.857	0.826
Radio Seefunk	0.1	0.1	0.080	0.080
Radio TON	0.4	0.4	0.254	0.252
Bayern 1	3.7	3.9	2.606	2.587
Bayern 2	0.5	0.5	0.351	0.350
Bayern 3	3.2	3.2	2.222	2.137
Bayern 4 Klassik	0.3	0.4	0.241	0.240
B5 aktuell	0.7	0.8	0.523	0.515
BR Gesamt	7.3	7.4	5.093	4.982
ANTENNE BAYERN	5.1	5.0	3.528	3.317
ROCK ANTENNE	0.3	0.3	0.186	0.170
95.5 Charivari (München)	0.2	0.2	0.153	0.146
ENERGY München	0.3	0.3	0.176	0.174
RADIO ARABELLA	0.3	0.3	0.232	0.230
Radio Gong 96.3 (München)	0.2	0.2	0.174	0.160
Antenne Brandenburg	1.1	1.1	0.789	0.789
radioeins	0.5	0.5	0.342	0.341
Fritz	0.5	0.5	0.364	0.362
radioBERLIN 88.8	0.4	0.4	0.293	0.293
Inforadio	0.4	0.4	0.279	0.279
kulturradio	0.2	0.2	0.113	0.113
radiomultikulti	0.1	0.1	0.047	0.047
RBB Gesamt	2.8	2.9	1.921	1.919
94.3 rs2	0.7	0.7	0.496	0.478
100.6 Motor FM	0.1	0.1	0.048	0.048
98 RADIO	0.9	1.0	0.661	0.652
Berliner Rundfunk 91!4	0.7	0.7	0.475	0.469
KISS FM	0.3	0.3	0.178	0.172
104.6 RTL	0.8	0.8	0.556	0.543
105'5 Spreeradio	0.3	0.3	0.220	0.215
ENERGY Berlin	0.4	0.3	0.258	0.232
JAM FM Berlin	0.1	0.1	0.074	0.064
JazzRadio	0.1	0.1	0.053	0.052
Radio Paradiso	0.1	0.1	0.103	0.100
STAR FM 87.9	0.2	0.2	0.168	0.166
Klassik Radio-Gebiet Berlin	0.2	0.2	0.125	0.125
Radio TEDDY	0.2	0.1	0.107	0.096
JUMP	1.8	1.9	1.283	1.243
MDR 1 DIE ZIELGRUPPE	3.3	3.4	2.318	2.301
MDR Info	0.5	0.5	0.351	0.348
MDR Figaro	0.3	0.3	0.230	0.230
MDR Sputnik	0.3	0.3	0.181	0.181
MDR Gesamt	5.7	5.8	3.964	3.907
ANTENNE MECKLENBURG-VORPOMMERN	0.6	0.6	0.395	0.391
OSTSEEWELLE Mecklenburg-Vorpommern	0.7	0.7	0.479	0.475
89.0 RTL	0.8	0.8	0.576	0.533
MDR 1 RADIO SACHSEN-ANHALT	0.7	0.7	0.508	0.499
Radio Brocken	0.7	0.7	0.503	0.486
radio SAW	1.5	1.5	1.042	1.008
ROCKLAND	0.1	0.1	0.051	0.050
ENERGY Sachsen	0.4	0.4	0.261	0.259
HITRADIO RTL SACHSEN	0.6	0.6	0.433	0.423
MDR 1 RADIO SACHSEN	1.8	1.8	1.230	1.227
R.SA	0.6	0.6	0.405	0.399
RADIO PSR	1.3	1.3	0.880	0.861
ANTENNE THÜRINGEN	0.9	0.9	0.638	0.606
LandesWelle Thüringen	0.5	0.5	0.358	0.352
MDR 1 RADIO THÜRINGEN	0.9	0.9	0.641	0.636

Gewinner & Verlierer

MS Medienburo
Forschung & Beratung Köln GmbH & Co. KG

Fehlertoleranzen Hörer gestern Montag - Freitag (5%-Niveau)	Reichweite Jan06-Dez06	Entwicklung	Signifikante Veränderung
Radio Berg	29.7	8.7	Ja
Radio RSG	39.1	8.5	Ja
Antenne Ruhr	24	7.0	Ja
Hit Radio Vest	18.4	5.4	Ja
RADIO WMW	38.4	5.3	Ja
Radio WAF	38	5.1	Ja
Welle Niederrhein	22.3	4.7	Ja
Radio Lippe Welle Hamm	48.1	4.3	Nein
98.5 Radio Bochum	28.4	3.4	Nein
Radio Hochstift	34.2	3.4	Nein
Radio Lippe	23	3.4	Nein
Radio Leverkusen	39.1	3.0	Nein
Radio Siegen	41.1	2.8	Nein
Antenne Unna	23	2.5	Nein
Radio K.W.	19.4	2.4	Nein
Aachen 100.eins	14.3	2.2	Nein
RADIO RST	29.6	1.9	Nein
107.8 Antenne AC	16.7	1.5	Nein
Radio 90,1	32.3	1.5	Nein
ANTENNE MÜNSTER	26.1	1.4	Nein
ANTENNE DÜSSELDORF	29.6	1.3	Nein
Radio Wuppertal	34.6	1.3	Nein
102.2 Radio Essen	28.3	0.7	Nein

Fehlertoleranzen Hörer gestern Montag - Freitag (5%-Niveau)	Reichweite Jan06-Dez06	Entwicklung	Signifikante Veränderung
Radio Kiepenkerl	27.3	0.6	Nein
Welle West	12.9	0.2	Nein
Radio Duisburg	24.4	-0.1	Nein
Radio en	16.6	-0.6	Nein
NE-WS 89.4	27.2	-0.8	Nein
Radio Rur	22.8	-1.0	Nein
Radio Erft	26	-2.1	Nein
Radio Herne 90acht	27.1	-2.5	Nein
Radio Euskirchen	21.6	-2.5	Nein
Radio Bonn/Rhein-Sieg	17	-2.7	Nein
Radio Bielefeld	37.8	-2.9	Nein
Hellweg Radio	36.1	-3.0	Nein
Radio 91.2	29.5	-3.2	Nein
Radio Sauerland	29.5	-3.9	Nein
Radio Westfalica	28.2	-4.4	Nein
Antenne Niederrhein	23.7	-4.4	Ja
Radio Köln	20.7	-4.7	Ja
98.7 Radio Emscher Lippe	20.7	-5.0	Ja
107.7 Radio Hagen	33.7	-5.1	Ja
Radio MK	29.8	-6.4	Ja
94.9 Radio Herford	31.6	-6.6	Ja
Radio Neandertal	16.9	-6.7	Ja
Radio Gütersloh	32.3	-9.1	Ja

Quelle: E.M.A.NRW 2007 I

Gewinner & Verlierer

Fehlertoleranzen Hörer gestern Montag - Freitag (5%-Niveau)	Reichweite	Entwicklung	Signifikante Veränderung
	Jun06-May07		
Radio Sauerland	34.9	5.4	Ja
Hellweg Radio	40.6	4.5	Nein
107.8 Antenne AC	21.0	4.3	Ja
RADIO RST	33.9	4.3	Nein
Radio Lippe	27.0	4.0	Nein
98.7 Radio Emscher Lippe	24.6	3.9	Nein
Antenne Niederrhein	27.5	3.8	Nein
Radio MK	33.5	3.7	Nein
98.5 Radio Bochum	31.8	3.4	Nein
Radio Westfalica	31.3	3.1	Nein
Radio Herne 90acht	30.0	2.9	Nein
Radio Neandertal	19.8	2.9	Nein
Radio Köln	22.7	2.0	Nein
Antenne Unna	24.7	1.7	Nein
Radio en	18.0	1.4	Nein
Radio Euskirchen	22.8	1.2	Nein
Radio 91.2	30.6	1.1	Nein
Radio Bielefeld	38.7	0.9	Nein
Radio Bonn/Rhein-Sieg	17.8	0.8	Nein
Radio Rur	23.6	0.8	Nein
Radio Wuppertal	35.0	0.4	Nein
107.7 Radio Hagen	34.0	0.3	Nein
Radio Duisburg	24.6	0.2	Nein

Fehlertoleranzen Hörer gestern Montag - Freitag (5%-Niveau)	Reichweite	Entwicklung	Signifikante Veränderung
	Jun06-May07		
Radio Hochstift	34.4	0.2	Nein
Radio Kiepenkerl	27.3	0	-
Radio Gütersloh	32.3	0	-
Radio Erft	25.7	-0.3	Nein
ANTENNE DÜSSELDORF	29.2	-0.4	Nein
94.9 Radio Herford	30.9	-0.7	Nein
ANTENNE MÜNSTER	25.3	-0.8	Nein
Radio Berg	28.6	-1.1	Nein
NE-WS 89.4	26.0	-1.2	Nein
Radio K.W.	18.2	-1.2	Nein
Hit Radio Vest	17.0	-1.4	Nein
Radio Siegen	39.7	-1.4	Nein
Radio Lippe Welle Hamm	46.3	-1.8	Nein
Radio Aachen	12.0	-2.3	Nein
Antenne Ruhr	21.0	-3.0	Nein
Welle West	9.2	-3.7	Ja
RADIO WMW	34.4	-4.0	Nein
Radio RSG	35.1	-4.0	Nein
Welle Niederrhein	18.0	-4.3	Ja
102.2 Radio Essen	23.4	-4.9	Ja
Radio WAF	32.9	-5.1	Ja
Radio 90,1	27.1	-5.2	Ja
Radio Leverkusen	30.9	-8.2	Ja

Quelle: E.M.A.NRW 2007 II

MS Medienbüro
Forschung & Beratung Köln GmbH & Co. KG

Gewinner & Verlierer

Fehlertoleranzen Hörer gestern Montag - Freitag (5%-Niveau)	Reichweite Jan07-Dez07	Entwicklung	Signifikante Veränderung	Fehlertoleranzen Hörer gestern Montag - Freitag (5%-Niveau)	Reichweite Jan07-Dez07	Entwicklung	Signifikante Veränderung
Radio MK	40,3	10,5	Ja	Radio Hochstift	34,8	0,6	Nein
Radio Sauerland	38,7	9,2	Ja	ANTENNE DÜSSELDORF	29,7	0,1	Nein
Radio Herne 90acht	33,9	6,8	Ja	Radio K.W.	18,8	-0,6	Nein
Radio Westfalica	34,0	5,8	Ja	Radio en	16,0	-0,6	Nein
Radio Bonn/Rhein-Sieg	22,7	5,7	Ja	94.9 Radio Herford	30,9	-0,7	Nein
107.7 Radio Hagen	39,3	5,6	Ja	Radio Gütersloh	31,5	-0,8	Nein
Antenne Niederrhein	29,2	5,5	Ja	Hit Radio Vest	17,6	-0,8	Nein
Radio Köln	25,8	5,1	Ja	NE-WS 89.4	26,1	-1,1	Nein
98.7 Radio Emscher Lippe	25,6	4,9	Ja	Radio Erft	24,4	-1,6	Nein
Radio 91.2	34,4	4,9	Nein	Antenne Ruhr	22,0	-2,0	Nein
Radio Lippe	27,7	4,7	Ja	Welle Niederrhein	20,2	-2,1	Nein
107.8 Antenne AC	21,0	4,3	Ja	Radio Duisburg	22,2	-2,2	Nein
98.5 Radio Bochum	32,6	4,2	Nein	Radio Lippe Welle Hamm	45,7	-2,4	Nein
RADIO RST	33,2	3,6	Nein	Radio Berg	27,3	-2,4	Nein
Antenne Unna	26,5	3,5	Nein	ANTENNE MÜNSTER	23,4	-2,7	Nein
Radio Neandertal	20,2	3,3	Nein	Radio Aachen	10,2	-4,1	Ja
Radio Rur	26,1	3,3	Nein	Radio Bielefeld	33,3	-4,5	Nein
Radio Kiepenkerl	30,4	3,1	Nein	Radio 90.1	27,4	-4,9	Ja
Hellweg Radio	38,9	2,8	Nein	102.2 Radio Essen	22,5	-5,8	Ja
Radio Wuppertal	36,8	2,2	Nein	Radio RSG	33,0	-6,1	Ja
Radio Euskirchen	23,2	1,6	Nein	RADIO WMW	32,0	-6,4	Ja
Radio WAF	39,0	1,0	Nein	Welle West	5,8	-7,1	Ja
Radio Siegen	41,8	0,7	Nein	Radio Leverkusen	29,4	-9,7	Ja

Quelle: E.M.A.NRW 2008 I

Michael Spohrer, Jörg Sunnus

Gewinner & Verlierer

Fehlertoleranzen Hörer gestern Montag - Freitag (5%-Niveau)	Reichweite	Entwicklung	Signifikante Veränderung
	Jun07-Mai08		
Radio Kiepenkerl	35.9	5.5	Ja
Radio WAF	44.3	5.3	Ja
Radio en	21.1	5.1	Ja
ANTENNE MÜNSTER	27.2	3.8	Nein
Hellweg Radio	42.6	3.7	Nein
Radio Bielefeld	36.9	3.7	Nein
Radio RSG	36.4	3.4	Nein
Radio 90,1	30.5	3.1	Nein
107.7 Radio Hagen	42.2	2.9	Nein
Antenne Ruhr	24.9	2.9	Nein
Radio Siegen	44.4	2.6	Nein
RADIO WMW	34.6	2.5	Nein
Antenne Niederrhein	31.2	2.0	Nein
Welle Niederrhein	21.9	1.7	Nein
Radio Euskirchen	24.6	1.4	Nein
Radio Westfalica	35.2	1.2	Nein
102.2 Radio Essen	23.5	0.9	Nein
Radio Erft	25.4	0.9	Nein
Radio Leverkusen	30.1	0.7	Nein
Radio MK	40.7	0.3	Nein
94.9 Radio Herford	30.6	-0.3	Nein
107.8 Antenne AC	20.6	-0.4	Nein
Radio Bonn/Rhein Sieg	22.3	-0.4	Nein

Fehlertoleranzen Hörer gestern Montag - Freitag (5%-Niveau)	Reichweite	Entwicklung	Signifikante Veränderung
	Jun07-Mai08		
Radio Duisburg	21.8	-0.4	Nein
RADIO RST	32.5	-0.7	Nein
NE-WS 89.4	25.3	-0.8	Nein
Radio Wuppertal	35.9	-0.9	Nein
ANTENNE DÜSSELDORF	28.7	-1.0	Nein
98.7 Radio Emscher Lippe	24.5	-1.1	Nein
Hit Radio Vest	16.5	-1.1	Nein
Radio Hochstift	33.5	-1.3	Nein
Radio Gütersloh	30.1	-1.4	Nein
Radio 91.2	32.8	-1.7	Nein
Radio Aachen	8.4	-1.7	Nein
Radio Lippe	25.9	-1.9	Nein
Radio K.W.	16.9	-1.9	Nein
Radio Sauerland	36.5	-2.2	Nein
98.5 Radio Bochum	30.3	-2.3	Nein
Antenne Unna	23.1	-3.4	Nein
90.8 Radio Herne	30.4	-3.5	Nein
Radio Köln	22.3	-3.5	Nein
Radio Berg	23.5	-3.8	Nein
Radio Rur	22.1	-4.1	Nein
Radio Neandertal	15.9	-4.3	Ja
Radio Lippe Welle Hamm	40.0	-5.7	Ja

Quelle: E.M.A.NRW 2008 II

MS Medienbüro
Forschung & Beratung Köln GmbH & Co. KG

Handreichung der Landesmedienanstalten
für die Veranstaltung von Hörfunkgewinnspielen

Beschluss der Direktorenkonferenz der Landesmedienanstalten vom 15.01.2008

Vorbemerkung:

Die Handreichung lässt den Verhaltenskodex der Freiwilligen Selbstkontrolle Telefon-
mehrwertdienste e.V. für Telefonmehrwertdienste, zuletzt geändert am 22.Juni 2007,
unberührt.

Die Handreichung dient dazu, die Selbstkontrolle von Hörfunkveranstaltern zu fördern
und für die Zuhörerschaft in wesentlichen Punkten Transparenz zu schaffen, soweit diese nicht ohnehin schon durch die Hörfunkveranstalter gewährleistet wird. Sie soll einen
grundsätzlichen Rahmen aufzeigen, in dem sich die Hörfunkveranstalter bewegen können, ohne sich dem Risiko einer Beanstandung durch die jeweils aufsichtsführende
Landesmedienanstalt auszusetzen.

Im Folgenden werden einige wesentliche Punkte für die Durchführung von Gewinnspielen in Hörfunkprogrammen genannt, die zu beachten sind. Die Handreichung bezieht
sich nicht auf Preisauslobungen, die ohne Telefonmehrwertdienste oder mit bestimmten
Sondernummern (Kosten z. Z. max. 14 Cent/Min) durchgeführt werden.

Wo möglich, werden Beispiele („Best Practice") von transparenter Gestaltung angeführt,
die nicht abschließend aufgezählt sind, sondern von den Veranstaltern ergänzt oder bei
zukünftiger Weiterentwicklung der Spielformen fortentwickelt werden können.

1. Anwendungsbereich

(a) Die Handreichung gilt für Gewinnspielsendungen und Gewinnspiele.

(b) Kosten, die für die Teilnahme an einem Gewinnspiel anfallen und das Transportent-
gelt für eine Postkarte (aktuell 45 Cent) nicht übersteigen, stellen keinen Einsatz dar.
Das Entgelt ist dann als unerheblich anzusehen, wenn es die üblichen Übermittlungs-
kosten einer Erklärung entsprechend den aktuellen Kommunikationskosten nicht über-
steigt.
Die Kosten i. H. v. 50 Cent/Anruf aus dem deutschen Festnetz stellen derzeit den
Höchstbetrag dar.

(c) Wesentlicher Zweck eines Hörfunk–Gewinnspiels ist insbesondere die Schaffung
einer Hörerbindung und die Steigerung der Verweildauer.

Die zulässige Durchführung eines Gewinnspiels im Hörfunk setzt voraus, dass die ausgelobte Gegenleistung in Form eines Sach- oder Geldpreises in Übereinstimmung mit
den Teilnahmebedingungen an den oder die Gewinner/in erbracht wird und dass der
oder die Gewinner/in entsprechend der im Rahmen des Gewinnspiels kommunizierten
Auswahlregeln ausgewählt wird.

- 2 -

Die Landesmedienanstalten erwarten vor diesem Hintergrund, dass der zuständigen Landesmedienanstalt die Einhaltung dieser Anforderungen auf Anfrage durch Vorlage geeigneter Unterlagen nachgewiesen wird.

2. Kommunikation der Kosten

(a) Kosten pro Anruf aus dem deutschen Festnetz

Die Mitteilung dieser Kosten muss im Rahmen der Verhältnismäßigkeit bei jeder Nennung einer Telefonnummer oder SMS-Nummer im Rahmen des Programms sowie bei der Präsentation der Spielregeln und Teilnahmebedingungen im Internet erfolgen.

(b) Best Practice-Beispiele

Kosten für Anrufe von Mobiltelefonen oder aus dem Ausland

Es ist zuhörerfreundlich, auf die häufig höheren Kosten für die Teilnahme mittels Mobiltelefon oder aus dem Ausland hinzuweisen, sofern diese Telefonnummern aus dem Ausland zu erreichen sind.

Kontrolle des Telefonierverhaltens

Von manchen Veranstaltern wird - besonders hörerfreundlich – dazu aufgefordert, das Telefonierverhalten zu kontrollieren.

3. Teilnahmeberechtigung

Minderjährige sind von der Teilnahme an Gewinnspielen ausgeschlossen. Hinweise auf die Tatsache, dass Gewinne nicht an Minderjährige ausgeschüttet werden, haben bei jeder Ankündigung eines Gewinnspiels als auch während eines Gewinnspiels, jedes Mal, wenn eine konkrete Teilnahmemöglichkeit, insbesondere durch die Angabe einer Telefonnummer, eröffnet wird, zu erfolgen. Von dieser Vorgabe kann bezüglich der Häufigkeit der Hinweise zwischen 23.00 Uhr bis 6.00 Uhr abgewichen werden.

4. Inhalt und Umfang der Spielregeln/Teilnahmebedingungen

(a) In den Spielregeln/Teilnahmebedingungen im Internet müssen mindestens bekannt gegeben werden:

(aa) der Spielablauf/Art und Weise des Spiels und
(bb) das für das Spiel geltende Auswahlverfahren mit Angabe der Chance, d.h. der Höhe der Wahrscheinlichkeit des Teilnehmens oder des Weiterkommens (z.B. . „jeder 100. Anruf wird durchgestellt", „der Telefoncomputer wählt zufällig einen Anruf aus, der durchgestellt wird", „es findet eine automatische Vorauswahl unter allen Anru-

fen statt", etc.) bzw. der Hinweis darauf, dass aus der Zahl der eingehenden Anrufe eine zufällige Vorauswahl getroffen wird.

Ausreichend ist der Hinweis auf einen von einem externen Telefonie-Dienstleister betriebenen Auswahlmechanismus, wenn sich daraus die Wahrscheinlichkeit der erfolgreichen Teilnahme ergibt. Es hat ein ausdrücklicher Hinweis zu erfolgen, dass nicht jeder Anruf, der Telefonkosten verursacht, in die Sendung durchgestellt wird.

(b) Im Internet sind in den Spielregeln/Teilnahmebedingungen zusätzlich zu erläutern:

(aa) die ggf. fehlende Teilnahmeberechtigung bestimmter Teilnehmergruppen wie der Ausschluss Minderjähriger sowie die Tatsache, dass Gewinne nicht an Minderjährige ausgeschüttet werden und
(bb) die Unterscheidung zwischen garantierter Gewinnsumme und Gewinnchance, soweit die Gewinnspielmechanik diese Unterscheidung vorsieht, und
(cc) die ggf. auch für vergebliche Anrufe (außerhalb der Spielrunden, gescheitert in der Zufallsauswahl etc.), die nicht zur Beteiligung am Spiel führen, anfallenden Kosten und
(dd) die Möglichkeit der Sperrung von Mehrwerttelefonnummern durch den Netzbetreiber.

5. Moderation

In der Moderation müssen in vertretbarer Kürze folgende Hinweise erfolgen:

(a) auf die Höhe der Kosten eines Anrufes und
(b) auf die Spielregeln/Teilnahmebedingungen im unter 4.(a) genannten Umfang und die Informationen im Internet
(c) auf die Tatsache, dass Gewinne nicht an Minderjährige ausgeschüttet werden.

Häufigkeit:
Während das Gewinnspiel „on air" läuft (also nicht in der Vor-Ankündigungsphase oder zu Tageszeiten, in denen lediglich auf die später stattfindende Spielrunde hingewiesen wird), muss die Moderation die oben unter 4.(a) und 5.(b) genannten Angaben mindestens einmal pro Stunde machen.
Die unter 5.(a) und (c) genannten Hinweise müssen bei jeder Nennung einer Telefonnummer erfolgen (siehe auch 3. Teilnahmeberechtigung).

In der Moderation sind irreführende und falsche Aussagen jeglicher Art, insbesondere über die Spieldauer, die Beendigung des Spiels, den Schwierigkeitsgrad und die Lösungslogik der Aufgabe, sowie über die Spielregeln und die Einwahlchance unzulässig. Der Aufbau von nicht vorhandenem Zeitdruck ist unzulässig.

6. Aufleger

Sollte ein Zuhörer der in die Sendung durchgestellt worden ist auflegen oder nicht antworten, ist unverzüglich nach den technischen Möglichkeiten ein weiterer Zuhörer durchzustellen.

7. Abschluss eines Gewinnspiels

Nach Abschluss eines Gewinnspiels müssen die Auflösung und der Gewinner/die Gewinnerin im laufenden Programm und im Internet bekannt gegeben werden, soweit der Gewinner/die Gewinnerin mit der Veröffentlichung seiner/ihrer Daten einverstanden ist.

Zeitlicher Rahmen

Die Auflösung des Gewinnspiels hat in der Regel nach Ablauf des Spieles bzw. bei Postkartenspielen nach Beendigung der Mitmachmöglichkeit zu erfolgen. Hiervon kann aus Gründen der redaktionellen Gestaltung abgewichen werden; jedenfalls ist eine Auflösung in der jeweiligen Sendung erforderlich.
Eine fest ausgelobte Gewinnsumme wird im Falle der richtig genannten Lösung ausgespielt.